中央财经大学中央高校基本科研业务费专项资金资助

INTERNATIONAL TRADE AND
PRODUCT QUALITY AND
DIVERSIFICATION

影响贸易产品质量与
多样化的市场环境因素研究

苗　壮◎著

经济管理出版社
ECONOMY & MANAGEMENT PUBLISHING HOUSE

图书在版编目（CIP）数据

影响贸易产品质量与多样化的市场环境因素研究/苗壮著 . —北京：经济管理出版
社，2023.6
ISBN 978-7-5096-9085-7

Ⅰ. ①影… Ⅱ. ①苗… Ⅲ. ①出口产品—产品质量—市场环境—环境因素—研究—中国
Ⅳ. ①F752.62

中国国家版本馆 CIP 数据核字（2023）第 105469 号

组稿编辑：谢　妙
责任编辑：谢　妙
责任印制：黄章平
责任校对：张晓燕

出版发行：经济管理出版社
　　　　　（北京市海淀区北蜂窝 8 号中雅大厦 A 座 11 层　100038）
网　　　址：www.E-mp.com.cn
电　　　话：（010）51915602
印　　　刷：唐山玺诚印务有限公司
经　　　销：新华书店
开　　　本：720mm×1000mm/16
印　　　张：10.5
字　　　数：155 千字
版　　　次：2023 年 6 月第 1 版　　2023 年 6 月第 1 次印刷
书　　　号：ISBN 978-7-5096-9085-7
定　　　价：58.00 元

前　言

在市场中，消费者对产品的评价一般是根据产品两方面的特征：一方面是产品的质量水平；另一方面是类似产品之间在非质量方面的差异化。产品在质量方面的差异又被称为产品的垂直化差异，它是一种基于产品功能增益的产品特征；而在非质量方面的差异被称为水平化差异，该差异不体现产品功能性的变化。产品的垂直化差异包括产品的使用寿命、零部件的精密程度、产品的使用效果等的差异；而产品的水平化差异包括产品的非功能性的外观、设计风格、产地来源等的差异。产品的这两种差异化特征是影响与塑造消费者对于产品评价与偏好程度的主要因素。根据消费者的一般消费偏好特点，产品质量的提升，或者市场中可供购买的具有差异化的产品种类数量的增加，都会使消费者从消费这些产品中获得更高的效用水平。因此，他们也愿意以更高的价格来购买质量更好的产品，或者是市场上比较稀缺的水平差异化产品。在市场中，无论是产品质量的提升，还是产品多样化程度的提升，都能直接影响消费者的效用水平以及整个社会的福利水平。因此，对于产品质量与产品多样化方面的影响因素研究逐渐成为一项研究热点，受到产业经济学、市场营销学、国际经济学等多个相关领域学者们越来越多的关注。

本书旨在以生产与投资全球化为视角，研究开放经济条件下影响市场中产品质量与产品种类多样化的市场与政策因素以及相关影响机制，进而探究市场因素变化所带来的社会福利变化与应对政策措施。本书将以实证分析与理论模型分析两种研究方法来展开论证，主要研究了各国贸易政策、汇率变化、市场规模、消费者收入分布等因素对进出口商品的质量与种类多样化的影响。自中国加入世界贸易组织（WTO）以来，中国企业获得了巨大的投资与贸易机会，进出口业务快速增长。在获得机遇的同时，政府和企业也在管理与经营方面面临着更为复杂的市场环境与更多的挑战。企业在国家之间的贸易不同于国内贸易，企业需要熟悉并遵循其他国家的相关政策规定，适应对方国家的市场环境。另外，在跨国贸易中，企业往往面临着运输、信息、贸易壁垒、汇率风险、违约风险等诸多因素的影响。这些与国际贸易联系紧密的政策与市场因素，往往会深刻影响企业的生产与销售决策，并且塑造了一个不同于国内市场的国际市场竞争环境。比如，有些研究发现，面对一个距离更远、运输成本更高的目的地市场，企业倾向于选择出口质量与价格更高的产品，以降低单位价格所附加的运输成本，形成了所谓的"华盛顿苹果效应"。再比如，平均收入水平更高或者市场规模更大的国家，更倾向于消费质量较高的产品，企业也会将质量较高的产品出口到这些国家。如果贸易伙伴国之间签订了自由贸易协定，降低相互之间的进出口关税，那么其效果类似于市场规模扩大，有利于促进市场竞争，提高高质量产品在市场中的供给比重。本书在综合既有相关研究的基础上，探究了不完全竞争条件下贸易自由化、居民收入不平等程度、汇率波动水平、服务行业对外直接投资开放等既往文献较少涉猎的政策与市场环境因素对贸易产品的质量与多样化的影响。本书的贡献不仅在于为相关现象提供了实证方面的证据，更对各因素之间的相互作用机制进行了理论分析，为我国企业应对国际市场环境的变化提供了有益的政策建议。

笔者相信本书会给读者提供一个从微观层面认识市场因素如何影响企业进出口行为的新视角。书中的一系列观点与结论，都是基于数学模型推导与数据统计分析所得出的。如读者发现任何论证的不足之处，欢迎批评指正。

目 录

第一章 绪论

　　中国自 2001 年加入世界贸易组织（WTO）以来，进出口规模大幅度增长，并深度参与了全球价值链体系与国际分工。在全球化与贸易开放的过程中，中国经济不但实现了高效与快速增长，中国企业的竞争力也与日俱增。企业竞争力的增强不仅体现在生产效率的提高上，而且体现在企业的创新与研发能力、产品的质量提升以及新产品的引入等方面。大量的文献已经证实了企业的出口行为与产品质量的提升、产品的多样化程度以及企业的创新能力等有着密不可分的关系。与此同时，也有一些文献发现进口中间品的贸易自由化同样会促进企业提升生产效率与产品质量。

　　本书的主要研究目标是探究中国在加入 WTO 后的贸易自由化进程中，企业进出口的增长对产品的质量与多样化的提升作用。产品质量与产品多样化的提升，不仅是企业提升竞争力、实现产业升级与扩大利润的重要途径，也是推动我国经济由低水平发展转向高质量发展的重要举措。本书将重点聚焦贸易自由化过程中贸易伙伴国的市场环境对中国产品质量提升与多样化的影响。围绕市场规模、收入分布、服务行业开放以及汇率风险四种市场因素，深入探究在全球化进程中，中国企业所面临的机遇与挑战。本书的研究将为贸易自由化与产品质量以及产品多样化的相关研究提供更为丰富的实证发现，进而为相关政策的制定与实施提供参考依据。

　　本书的研究内容主要包括两个方面：一是贸易自由化过程中市场环境因素对

企业产品质量的影响；二是贸易自由化过程中市场环境因素对企业产品多样化的影响。前者体现的是企业已有产品的升级，后者体现的是新产品的研发与推广，它们反映的都是企业在产品层面的更新换代与生产方式的升级。这对于企业竞争力的提高与未来的发展有着非常重要的意义。具体而言，笔者将研究以下四种市场因素对企业产品所产生的影响：市场规模扩大或者贸易自由化对产品质量的影响；消费者的收入分布（收入不平等程度）对产品价格（衡量产品质量）与产品多样化的影响；服务行业开放对企业出口产品多样化的影响；汇率波动对进口中间投入品多样化的影响。以上这些市场因素——市场规模扩大、消费者贫富差距水平、服务行业效率以及汇率风险——是国际贸易中影响产品需求、价格、质量以及多样化的几个主要因素。

本书在现有相关文献研究的基础上，对变量间的影响机制进行了深入研究，并得到了一系列新的实证发现。在理论方面，笔者研究了在贸易自由化过程中，寡头垄断行业产品质量的变化，以及不同类型的企业在不同国家之间的重新分布。如果自由贸易协定是两个经济规模不相同的国家之间签订的，那么贸易开放会使生产高质量产品的企业从经济规模较小的国家转移到经济规模较大的国家，从而导致经济规模较小的国家专门化生产低质量产品。这一自由贸易协定所带来的生产转移效应，是政策制定者在签订自由贸易协定过程中所需要考虑的因素。另外，本书的理论还补充了服务行业开放对货物贸易产品多样化的影响。该理论分析预测，出口目的地国家的服务行业开放会降低贸易成本，从而促进出口企业提升出口产品多样化水平。

在实证方面，笔者研究了消费者收入分布、服务业开放以及汇率波动等对中国出口或进口的影响。结果显示，中国企业的产品更容易出口到收入不平等程度更高的国家，并且出口到这些国家的产品价格也更低。这一实证结果以及现有文献的研究表明，在样本观测期，中国的出口产品价格与质量相对于发达国家的产品还比较低，更容易被发达国家市场的低收入消费者所购买。如果贫富差距扩大导致低收入消费者群体扩大，那么这些市场对中国产品的需求便会上升。另外，笔者还发现出口目的地国家的服务行业开放会扩大中国产品的出口规模并促进出口产品的多样化，而贸易伙伴国的汇率波动则不利于中国企业从这些国家进口产品。以上结果的直观解释是，服务行业开放会降低贸易成本，而汇率波动水平上升会提高贸易成本。贸易成本的降低会提高贸易产品的价值与多样化水平，而贸易成本的上升则会阻碍贸易发展。

以上的理论与实证发现，不仅有助于我们更好地认识中国在贸易自由化过程中所遇到的机遇与风险，理解相关市场环境对贸易所带来的影响，也为相关贸易政策的制定提供了一定的事实依据。

第二章　相关文献综述

在本章中，笔者将梳理与本书研究相关的一系列文献，并阐明本书的研究与已有文献的不同之处以及在已有文献基础上的研究贡献。文献梳理分为四个部分：第一部分，笔者将介绍市场竞争与贸易自由化对产品质量影响的相关文献。已有文献一般认为，市场竞争的加剧会促使企业开发新的产品或者提升生产效率，以便在市场竞争中取得优势。本书对已有文献的主要贡献在于，笔者发现在市场竞争因素以外，市场规模的扩大也会推动企业研发新产品或者质量较高的产品。而这种市场规模效应既可以通过单一市场的扩大来达成，也可以通过国家之间贸易自由化的方式达成。在固定研发投入密度较高的行业，市场规模的扩大可以提高企业的生产规模，从而分摊高昂的研发固定费用，激励企业进行创新研发。

第二部分，笔者将梳理出口目的地国家收入分布对出口产品影响的相关文献。已有的相关文献主要研究的是消费者收入不平等与出口产品价格之间的关系，并且实证结果并不统一。有些研究发现二者是正相关关系，而有些研究则发现二者是负相关关系。为了厘清收入不平等与出口产品价格以及出口产品多样化等之间的关系，笔者构建了一个理论模型进行机制分析，并且利用中国贸易自由化阶段的数据对理论部分进行了实证检验。

第三部分，笔者回顾了服务行业自由化对货物贸易所带来的影响的相关研究。相关文献主要研究的是产品出口国服务行业自由化的影响。本书的研究补充了出口目的地国家服务行业自由化对货物贸易的影响，特别是对贸易产品多样化的影响。

第四部分，笔者回顾了汇率波动对货物贸易影响的相关文献。已有文献发现汇率波动会影响出口企业的出口行为，降低出口价值与出口多样性。本书在前人研究的基础上，主要补充了汇率波动对企业进口行为的影响。

第一节 市场规模、贸易自由化与产品质量研究概述

在本节中，笔者将回顾市场规模与贸易自由化对市场中产品质量升级的影响。笔者的分析将聚焦在研发固定成本较高的行业。迄今为止，已有大量文献讨论企业之间在产品质量层面的竞争（Gabszewicz 和 Thisse，1979，1980；Shaked 和 Sutton，1982，1983），这种竞争模式被称为"垂直差异化竞争模式"（Vertical differentiation competition mode）。有些文献在讨论这种竞争模式时，是基于一种固定成本不随产品质量变化，而可变成本随着产品质量提升而变大的成本结构，如 Johnson 和 Myatt（2006）、Mussa 和 Rosen（1978）、Gal – Or（1983）以及 Champsaur 和 Rochet（1989）。与这种成本结构相符的行业包括汽车行业、白电行业等。产品质量的提升更多地依赖于提升产品零部件的质量，可变成本因此而增加。另一些文献的讨论则基于固定研发成本与产品质量呈正相关关系这一假设，如 Motta（1993）、Bonanno（1986）、Ireland（1987）、Shaked 和 Sutton（1987）。

目前，已有很多文献基于垂直差异化竞争模型讨论了市场规模扩大与市场竞争压力增大对企业创新与产品质量提升的影响。笔者在这里只介绍与本书研究最接近的两篇文献：一篇是 Vives（2008），另一篇是 Fajgelbaum 等（2011）。Vives（2008）假设企业的研发支出规模与产品的质量水平相关，提高产品的质量必须增加研发支出的规模。另外，Vives（2008）还假定企业之间进行产品数量竞争，企业的目标是达到一个最优的市场占有率以获得最大的利润。Vives（2008）研

究发现市场规模扩大确实会提升企业的研发投入，但对于产品的多样化的影响却是不确定的。本书的理论模型与 Vives（2008）模型的不同之处在于，本书的模型允许企业自由地进入与退出市场，因此企业的数量并不是一个固定值。企业之间也存在异质性，而这种异质性的产生是基于不同的企业对产品质量选择上的差异形成的。另外，笔者还研究了贸易自由化所产生的影响。这些都是 Vives（2008）模型所没有涉及的研究层面。Fajgelbaum 等（2011）的理论框架与本书的类似，都是假定企业可以自由地进入与退出市场，研究内容也是基于市场一般均衡条件。与本书的研究不同的是，Fajgelbaum 等（2011）模型的竞争模式是垄断竞争模式，这与本书所分析的寡头竞争模式有所不同。基于该模型，Fajgelbaum 等（2011）解释了发达国家与发展中国家在贸易自由化过程中所产生的质量梯度上的生产专门化现象。一般而言，发达国家在贸易中倾向于生产和出口高质量产品，而发展中国家倾向于生产和出口低质量产品。Fajgelbaum 等（2011）认为该贸易模式的产生，是由于母国市场需求偏好所造成的"母国效应"（Home market effect）。发达国家的人均收入相对较高，对于高质量产品的需求偏好也较高。而发展中国家的人均收入相对较低，消费者宁愿牺牲产品质量也要购买价格低廉的商品。因此，发达国家市场容易培育出生产高质量产品的企业，从而在高质量产品生产上建立比较优势。而发展中国家则因本国市场无法培育出更多的生产高质量产品的企业，因此只能在低质量产品的生产上建立比较优势。贸易自由化加深了各国在这种质量梯度上的生产专门化分工。

另外，还有一些基于垂直差异化竞争模型的文献发现了企业生产率与产品质量方面的正相关关系，如 Baldwin 和 Harrigan（2011）、Johnson（2012）。这两篇文献都发现，高生产率的企业倾向于出口高质量的产品，并且产品研发支出更高。这些研究拓展了 Melitz（2003）中理论模型的相关结论。

本书的理论分析与之前文献最大的区别在于，笔者将市场规模扩大对寡头竞争市场的影响效应研究拓展到了贸易自由化的情形。之前研究中的市场规模扩大主要基于单一经济体的人口、国民总收入等的扩大，而本书的模型则将贸易自由化所带来的市场规模扩大的影响纳入了研究范畴。[①] 本书的理论框架不同于传统的 Melitz（2003）模型，后者是基于产品固定替代弹性的垄断竞争模型，并且该模型所推导出来的成本加成率也是固定的。另外，消费者对产品质量的偏好是独立于收入水平的。这些模型设定上的局限造成了基于 Melitz（2003）模型所做的贸易自由化与产品质量、成本加成率之间关系的研究与一系列实证发现不符，如 Levinsohn（1993）、Harrison（1994）、Krishna 和 Mitra（1998）、Eckel 等（2015，2016）以及 Edmond 等（2015）。以上实证研究都发现了贸易自由化对产品质量的提升作用及对企业成本加成率的降低作用。而基于固定替代弹性假设的垄断竞争模型则无法很好地描述这一关系。本章所依赖的寡头数量竞争模型则能够很好地契合一系列相关的实证发现，如随着贸易自由化的加深，世界市场上的高质量产品比重会增加，产品价格加成率会下降，企业之间的利润差距会缩小等。

第二节　收入分布与贸易产品质量研究概述

近年来的大量研究表明，一个国家的收入水平对其消费和进口产品的特征具有巨大影响。大量文献已经证实，一般来说，高收入国家偏向于进口和消费价格较高的高质量产品（Bekkers 等，2012；Dalgin 等，2008；Fajgelbaum 等，2011；Frankel 和 Gould，2001；Foellmi 和 Zweimüller，2006）。然而，对于收入分配与消费不平等如何影响贸易模式的关注却较少。高收入水平的消费者可能更关心产品的质量而不是价格。相反，低收入水平的消费者在选择同一类别的产品时，可能更多地考虑价格而不是产品质量。在消费者非位次消费偏好[②]假设条件下（该设定可参见 Benassi 等，2006；Fajgelbaum 等，2011；Foellmi 和 Zweimüller，2004，

---

① 唯一的例外是 Eckel 和 Neary（2010）。该文献同样研究了贸易自由化对寡头竞争市场的影响。但其没有引入产品质量梯度，因此无法分析市场中产品质量的变化。

② 非位次消费偏好是指随着消费者收入水平的提升，消费者对不同产品的消费偏好程度发生了变化，或者对同一种产品的质量偏好发生了变化。比如，收入越高的消费者越偏向购买高质量的产品。

2006；Gabszewicz 和 Thisse，1979；Somekh，2012；Yurko，2011；Mitra 和 Trindade，2005；Marjit 等，2020），目的地国家的收入不平等是否会影响贸易产品的价格、质量和数量等尚不清楚。

在本书中，笔者将使用来自中国的企业－产品层面的海关和行业调查数据，就目的地国家的收入不平等如何影响产品出口价格和出口数量进行理论和实证研究。来自中国的数据为调查消费者收入不平等对贸易模式的影响提供了一个理想的研究素材。中国自 2001 年加入 WTO 以来出口规模实现了快速增长，并于 2009 年成为世界最大的出口国。中国的出口目的地国家分布广泛，并涵盖了各种不同收入水平与收入分布的国家。利用中国出口目的地国家在收入不平等指标上的多样化特征，笔者能够深入、详细地研究一国内部的收入不平等对该国进口产品特征的影响。

本书针对收入不平等对产品特征影响的第一个贡献是构建了一个分析出口企业市场策略、企业在产品质量梯度生产专门化与消费者收入不平等之间关系的理论模型。根据 Linder 的非位次消费者偏好假说，本书的理论模型预测，消费者之间贫富差距的扩大会使消费者之间所消费产品的数量与质量都发生明显的分化。该现象已被很多文献所证实，如 Frankel 和 Gould（2001）、Jappelli 和 Pistaferri（2010）以及 Krueger 和 Perri（2006）。

第二个贡献是利用中国海关出口交易数据为相关理论研究提供了实证证据。结果显示，随着收入不平等程度加深，目的地国家进口的中国产品的价格更低、向该国出口的中国企业数量更多、出口总额更高、出口价格的离散程度更高。尽管大量的文献已经研究了目的地国家特征对贸易产品价格、价值等的影响，但其中研究目的地国家收入不平等的影响的文献不多。相关文献多是研究对贸易产品价格水平的影响（Flach 和 Janeba，2017；Bekkers 等，2012；Ciani，2021；Liu 和 Luo，2020），本书的研究则补充了收入不平等对贸易产品的价值与价格分布的影响。

研究收入不平等对贸易品价格影响的文献并没有达成一致的结论。有些文献发现收入越不平等的国家所进口的产品价格越高，而另一些文献则发现了相反的结果。本书的实证结果与 Bekkers 等（2012）和 Ciani（2021）等文献的结论相一致，即目的地国家收入不平等程度的加剧降低了该国进口产品的价格。另外，笔者还发现该影响关系只适用于发达国家样本。与以上研究结果不同的是，Flach 和 Janeba（2017）发现收入不平等程度与进口产品价格呈正向关系，并且该关系只适用于中等收入国家样本。除了出口产品价格，笔者还使用中国海关出口交易数据详细研究了目的地国家收入不平等程度对中国企业出口交货值（出口集约边际）、行业层面出口价格离散程度以及进入该市场的中国出口企业数量（出口广延边际）的影响。

第三个贡献是为出口目的地国家特征对出口特征影响的相关文献补充了来自中国的实证经验。在关于出口目的地国家收入不平等水平与贸易品价格之间关系的研究上，已有文献没有一致的结论，甚至存在相反的结论。如 Flach 和 Janeba（2017）使用巴西的出口数据发现，收入不平等程度与贸易品的价格成正比，但 Bekkers 等（2012）和 Ciani（2021）使用其他国家数据发现该关系为负。这些文献关于该问题的争论需要补充新的国家的经验证据，并根据这些国家样本之间的比较以总结出其中的规律，从而解释为什么这些文献没有得到相一致的结论。本书的理论部分引入了出口国的产品质量特征，并以出口国产品质量的差异性解释了为什么使用不同出口国样本所得出的实证结果不一致。

作为世界第一大出口国和经济快速增长的国家，中国在参与国际贸易方面与其他发展中国家有诸多相似之处，特别是与新兴市场国家。一方面，中国的出口以工业制成品，特别是劳动密集型产品为主；另一方面，自改革开放以来的很长一段时间内，中国产品的质量与价格都明显低于发达国家水平。该现象在最近十年才发生了明显变化，中国在产品质量方面逐步缩小了与发达国家之间的差距。根据非位次消费偏好理论预测，发达国家收入较低的消费者可能更偏向于购买质量和价格较低的中国产品，而收入较高的消费者则会选择购买质量和价格都比较高的发达国家产品（Dingel，2017；Fontagné 等，2007；Schott，2008；Xu，2010）。如果一个国家的收入不平等加剧会导致低收入群体的规模扩大，那么该国所进口的中国产品的规模也会扩大。

使用中国出口数据进行案例研究具有两个层面的应用价值。第一，该研究能够帮助我们深入了解典型的以劳动密集型产品出口为主的新型经济体的贸易模式以及国际市场对其产品的需求特征。第二，该研究有力反驳了目前文献中关于中国出口产品对发达国家本地产业造成冲击的论断。根据 Asquith 等（2019）和 Autor 等（2013）的研究，中国产品进入美国市场对美国本土制造的产品与本地就业水平有着负面冲击。然而，这些文献并没有把产品的质量水平与低收入者的福利考虑在内。首先，中国出口的产品主要集中在劳动密集型行业并且产品质量与发达国家产品有一定差距。即使没有中国产品的进入，这些劳动密集型产业也会逐渐转移出美国，而剩余的产能将主要集中在价值链的高附加值部分或者生产高质量中间品与消费产品。因此，美国本土的产品与中国出口到美国市场的产品之间具有特征上的显著差异。本书的理论分析表明，中国产品对美国产品的排挤作用非常有限。其次，中国产品的进入，大大降低了美国低收入群体的生活成本，间接提升了工人的实际工资水平，有利于美国整体社会福利的提升①。因此，中国产品的进入对劳动力市场的冲击远没有之前文献所论述得那么严重。

本书的理论模型假定消费者具有非位次消费偏好，收入不同的消费者对产品质量的偏好程度不一样。基于该设定，本书的模型预测，消费者之间收入的不平等势必会导致消费的不平等。该预测已经被大量的实证研究所证实。Frankel 和 Gould（2001）研究了收入不平等对美国零售业价格水平的影响。他们发现中等收入群体相对于低收入群体规模的扩大会导致市场平均价格下降。在另一项研究中，Jappelli 和 Pistaferri（2010）以及 Krueger 和 Perri（2006）发现，消费者的消费特征会随着收入不平等程度的变化而变化。大部分理论文献预测，收入不平等程度加深会导致更高的市场平均价格与产品的平均质量水平，并且进入市场的企业也会增多（Benassi 等，2006；Gabszewicz 和 Thisse，1979；Somekh，2012；Yurko，2011）。根据非位次消费者偏好假设，高质量产品的消费主体为高收入者，而低质量产品则主要被低收入者购买。更为离散的收入分布会使得市场分割

---

① 类似的观点参见 Schott（2008）。

更为明显，从而降低不同质量水平产品之间的竞争激烈程度。因此，会有更多的企业进入市场。

第三节　服务行业开放对制造业产品贸易影响的研究概述

总体来说，本书的研究对已有服务行业开放对制造业产品贸易影响的文献有三个层面的贡献。第一，本书的研究补充与丰富了全球化对贸易产品多样化影响的相关研究。目前大多数有关产品多样化的研究都是基于货物贸易自由化展开的，而对于服务贸易自由化的影响还存在很多研究空白（Khandelwal 等，2013；Bustos，2011；Yu，2015；Feng 等，2016）。目前的研究结果一般认为，产品的贸易自由化会降低单个企业出口产品的多样化，促进企业的生产向其核心产品集中，即所谓的生产专门化。这是由于贸易自由化所带来的竞争效应造成的（Bernard 等，2011；Nocke 和 Yeaple，2014；Lopresti，2016）。而中间品贸易自由化则会提升企业的生产率，从而扩大企业的产品范围，提高出口产品的多样化水平（Bas，2014；Bas 和 Strauss-kahn，2014；Damijan 等，2014；Feng 等，2016）。

很多服务行业的产品可以被看作是制造业企业的投入品，如企业的生产过程与对外贸易需要通过金融机构来融资与提供信用证，产品的运输需要运输服务，市场信息的获得需要通信与信息服务（Bas，2014；Hoekman 和 Shepherd，2017）。因此，服务行业的开放是否像中间品贸易开放那样促进企业生产与出口产品的多样化？这是个需要解答的问题。而已有文献并没有对该问题展开研究。

第二，本书的研究完善了关于服务行业开放对于产品贸易影响的相关讨论。服务行业一般被认为是生产环节中其他投入要素的互补品（Crozet 和 Milet，2017；Blanchard 等，2017；Ariu 等，2019；Ariu 等，2020）。服务行业的发展与企业生产率的提升以及经济整体的发展关系十分密切（Barone 和 Cingano，2011；Konan 和 Maskus，2006；Francois 和 Hoekman，2010；Arnold 等，2011，2016；Beverelli 等，2017；Hoekman 和 Shepherd，2017）。许多研究发现了服务行业贸易自由化对货物贸易的促进作用，如提升了企业出口能力并提高了贸易额（Bas，2014；Francois 和 Hoekman，2010；Hoekman 和 Shepherd，2017；Ariu 等，2020），提高了出口企业的增加值（Díaz-Mora 等，2018；Lee，2019），提高了出口产品质量（Hayakawa 等，2020），而且对服务产品本身的贸易也具有促进作用（Nordås 和 Rouzet，2016；Van der Marel 和 Shepherd，2013；Benz 等，2020；Benz 和 Jaax，2022）。另外一些文献研究了具体的服务行业开放的影响，如零售行业（Javorcik 和 Li，2013；Head 等，2014）以及网络与通信行业等（Ricci 和 Trionfetti，2012）。综观这些文献，笔者发现它们大多将目光聚焦于出口国的服务行业开放带来的影响，而很少有文献研究出口目的地国家的服务业开放（Ma 和 Xie，2019；Niepmann 和 Schmidt-Eisenlohr，2017；Schmidt-Eisenlohr，2013；Hayakawa 等，2020）。本书的研究重点将放在出口目的地国家的服务行业开放带来的影响上，以丰富相关研究。当出口企业的产品进入外国市场时，这些企业往往需要使用出口目的地国家的一系列服务以最终完成产品的销售，如运输、贮藏、市场调研与销售、产品维修与售后等。因此，出口目的地市场中外国企业的商业活动以及与服务业有关的商业投资对于完成出口具有非常重要的作用（Hayakawa 等，2020）。而服务行业对外资投资开放则有利于这种与贸易配套的本地化服务的发展。因此，探究目的地国家服务行业开放对贸易所带来的影响将是对已有文献非常重要和有益的补充。

第三，本书构建了一个理论模型来对相关实证结论背后的机制做出解释。不同于之前的理论研究所发现的单纯的正向促进作用（Bas，2014；Konan 和 Maskus，2006），本书的理论分析发现服务行业开放在多数国家和行业对货物贸易具有促进作用，而在某些国家和行业则有抑制作用。这种现象不难解释，目的地国家的服务行业开放不仅有利于出口企业贸易成本的下降，也有利于目的地国家本土企业生产与销售成本的下降。如果目的地国家本土企业因服务行业开放而大幅提高了生产率，外国的出口企业便很难与该国本土企业进行竞争，从而会导致贸易的下降。

第四节　汇率波动对贸易影响的研究概述

在本节中，笔者将回顾研究汇率波动与汇率风险如何影响国际贸易的一系列相关文献。经过文献梳理发现，虽然相关研究文献很多，但大多数文献集中在汇率波动对企业出口表现的研究上，而对企业进口中间品表现的研究还比较少。另外，相关文献对于汇率波动与国际贸易之间的影响机制的研究尚不完整与清晰。本书将补充文献中的这些研究空白。

研究汇率波动对企业进口表现的文献主要有两篇：Arize（1998）、López 和 Nguyen（2015）。其中，López 和 Nguyen（2015）的研究与本书的研究最相似。López 和 Nguyen（2015）使用智利企业的进口数据发现汇率波动对企业的进口额（进口集约边际）有着显著的负向影响，但对企业决定是否进口的决策没有影响（进口广延边际）。与 López 和 Nguyen（2015）的研究相比，本书的实证分析做了两个层面的补充。第一，笔者发现当公司面临较高的财务约束时，汇率波动会对企业进口广延边际的决策产生负向影响。第二，笔者补充了进口产品多样化的相关研究，这是本书与已有文献最大的区别。对于该问题的补充主要得益于本书的数据集较 López 和 Nguyen（2015）的数据集更为详细。López 和 Nguyen（2015）的数据只统计到企业层面的进口额，而本书所使用的数据为企业-产品-进口来源国层面的数据。该数据可以用于计算进口产品的多样化指标。

与为数不多的关于企业进口的研究不同，有大量文献研究了汇率波动对企业出口的影响。而这些文献的研究结论并不一致，尚没有统一的定论。例如，Héricourt 和 Poncet（2013）、Berthou 和 Fontagné（2013）以及 Li 和 Miao（2017）等研究发现了汇率波动对企业出口的负向影响。而其他一些研究则发现汇率波动对企业出口具有促进作用，或者对出口的影响并不明显。这些文献包括 Bahmani-Oskooee 和 Hegerty（2007）、Cushman（1983）、Daly（1998）、Gagnon（1993）、Greenaway 等（2010）、Huchet 和 Korinek（2011）、Qiu 等（2019）、Solakoglu 等（2008）、Sercu 和 Vanhulle（1992）、Tenreyro（2007）、Wang 和 Barrett（2002）以及 Zhang 等（2006）。另有一些文献发现汇率波动对企业出口的影响是非线性的，如 Baum 等（2004）、Berman 和 Berthou（2009）、Chen 和 Juvenal（2016）。还有一些文献发现国家样本的不同，汇率波动的影响也不同。Sauer 和 Bohara（2001）发现汇率波动对发展中国家出口具有负向影响，但对工业化国家的影响并不明显。Senadza 和 Diaba（2017）使用非洲国家出口数据发现，汇率波动短期内对出口具有负向影响，但从长远来看对出口具有积极影响。为了探究汇率波动的影响机制，Héricourt 和 Poncet（2013）在实证回归中加入了企业财务约束变量。他们的研究发现，汇率波动对财务脆弱度较高的企业的出口的负向影响更为明显。借鉴 Héricourt 和 Poncet（2013）的做法，本书的实证研究考虑了企业财务脆弱性对企业进口表现的交叉影响。笔者发现，财务脆弱性较高的企业对市场风险更加敏感，汇率波动的负向影响更强。

第三章　市场规模、贸易开放与产品质量^①

第一节　引言

　　在本章中，笔者将从理论上探讨市场规模扩大与贸易自由化对贸易产品质量的影响。本章的理论模型允许企业自由地进入和退出，并且可以选择不同质量水平的产品进行生产。随着产品质量的提升，企业需要付出更高的固定与边际成本，如研发投入（R&D investment）。而不同收入水平的消费者对于产品质量的偏好也有所不同。一般而言，收入越高的消费者对于产品质量方面的偏好也越高，他们更加愿意付出更高的价格去购买质量较高的产品。而低收入者对产品质量的要求并不高，他们宁愿购买价格便宜但质量相对较低的产品。这种消费者收入与对产品质量方面的偏好关系，在微观经济学中被称为非位次偏好。基于以上关于企业生产与消费者偏好方面的假定，我们可以得到以下推论：第一，人均收入高的国家会更偏向于消费质量较高的产品。第二，由于贸易摩擦的存在，母国

---

　　① Long N. V. , Z. Miao, 2020. Multiple-qualify Cournot oligopoly and the role of market size ［J］. Journal of Economics and Management Strategy, 29 (4)：932-952.

效应会使得高收入国家或市场规模更大的国家在生产高质量产品上获得比较优势。第三，市场规模的扩大或者国家之间的贸易自由化会降低企业生产高质量产品的平均成本，同时增加低质量产品的市场竞争压力，从而进一步导致市场中高质量产品的比重增加。

本章的分析是基于不完全竞争市场的视角进行的，并且竞争形态被简化为寡头竞争。进行简化的目的在于在不影响分析主要结论的条件下，获得一个纳什均衡条件下的一般解。而更复杂的模型构建并不会改变分析结论或者扩大与丰富结论。当然，本章的模型框架也存在一定的缺陷，如没有将企业异质性考虑在内。纳什均衡也是基于一期的而非多期的分析。在未来的研究中，笔者将囊括更多的市场要素，做更为全面的分析。

本章旨在通过理论分析来解答以下几个关于市场规模与市场中产品质量关系的问题：第一，市场规模扩大所导致的竞争压力加剧会不会促使企业提升产品质量？第二，市场规模扩大所导致的竞争压力会不会将生产低质量产品的企业排挤出市场？第三，贸易自由化所带来的市场融合与竞争加剧是不是和市场规模扩大所带来的效应一样？这些问题的答案取决于产品所在行业的成本结构与竞争形态等特征。本章的研究将展示不同成本结构的行业在市场规模扩大与贸易自由化过程中，会表现出在产品质量升级方面的不同演化结果，将为我们理解市场规模与企业之间竞争形态的形成，以及产品质量升级之间的关系提供更为全面与深入的认识。

目前，已有很多相关文献从理论上研究了市场规模与企业产品质量之间的关系，如 Fajgelbaum 等（2011）、Berry 和 Waldfogel（2010）、Vives（2008）等。然而，已有的文献至少在两个层面的讨论上还存在研究空白。第一，在对不同行业的成本结构与企业对质量梯度的选择上。行业与行业之间存在着技术层面的巨大差异。有些行业进行产品的质量升级（如研发新产品）需要大量的固定研发投入，并且产品的边际成本很低，如药品行业、芯片行业、电影行业等。而有些行业的固定研发成本并不高，但需要提高平均成本来提升产品质量，如汽车行业。不同行业对市场扩大所带来的竞争形态与竞争激烈程度的改变的反应程度不一样。哪些行业会因为市场规模扩大而大幅度提升产品质量？这是本章需要探究的一个重要问题。第二，已有文献对于市场规模与产品质量关系的讨论都是建立在企业之间价格竞争，又被称为伯川德竞争（Bertrand competition）的竞争形态基础上的，尚未有文献在产品数量竞争（又被称为古诺竞争）（Cournot competition）条件下讨论该问题。本章的另一个重要贡献便是在古诺竞争形态下补充了有关该问题的相关结论。

本章主要有两个理论层面的研究发现，这些发现揭示了市场竞争形态、行业成本结构与企业对产品质量选择之间的影响关系。第一个发现是行业的成本结构与企业对产品质量梯度的选择。假定产品的质量存在高质量与低质量两个质量梯度。在有些行业，产品质量的升级需要大量的固定研发投入，而一旦研发成功，生产高质量产品与生产低质量产品的边际成本差距并不大，如制药行业。而在有些行业，产品质量的提升并不需要很高的固定研发投入，但却需要大幅度提高生产的边际成本，如汽车制造行业。在该行业，高档产品与低档产品的差别可能更多地依赖于零部件的质量差别。笔者研究发现，在第一类行业，每个企业会在推出新产品或者高质量产品的同时下架该企业所销售的旧产品或者低质量产品，以避免所谓的企业内部产品竞争。因此，在第一类行业，每个企业都会尽量减少本企业产品的质量跨度，专注于只销售高质量产品或者只销售低质量产品。销售高质量产品会付出大量的固定研发成本，而好处是可以获得更高的成本加成率与可变利润。销售低质量产品的好处是可以节省研发费用，但是企业的可变利润会很低。在第二类行业，企业不需要通过大量的研发支出来提升产品质量，但产品的质量升级需要付出较高的可变成本。笔者分析发现，在该类行业，企业并不会专门化提供某一质量梯度的产品，而是同时提供不同质量的产品。在非位次消费者偏好的条件下，高收入消费者更偏向于购买高质量产品以获得产品质量带来的效用提升，而低收入者更偏向于购买质量低但同时价格也低的产品，以节约消费支出。企业选择同时提供高质量产品与低质量产品，以尽可能覆盖不同消费群体，从而在最大程度上控制产品的平均可变成本的同时获得较高的可变利润。对于第一类行业，市场规模的扩大会使得每个企业获得更多的市场销售额，从而平摊固定研发支出。因此，市场规模扩大会刺激第一类行业的企业进行研发投入并提高产品质量。而在第二类行业，市场规模的扩大并不会影响产品的可变成本与企业所面对的消费者群体结构。因此，市场规模扩大并不会在第二类行业促使企业提升其产品质量。

本章理论分析的第二个发现是有关贸易自由化所带来的市场中产品平均质量水平的变化以及生产不同质量梯度的企业在贸易伙伴国之间的地理位置转移。研究发现，当两个国家拥有相同的市场规模时，两国之间开放贸易会使得市场中的高质量产品的比例增加，并且生产高质量产品与生产低质量产品的企业会均匀地分布在两个国家。但当两个贸易伙伴国的市场规模不同时，那么在贸易开放之后，虽然两国的消费者能够获得的高质量产品供给会增加，但是生产高质量产品的企业会因为运输成本等因素所形成的母国效应而倾向于迁移到市场规模较大的国家，从而形成大国生产和出口高质量产品，而小国生产和出口低质量产品的生产专门化特征与贸易模式。

本章的理论模型是建立在 Johnson 和 Myatt（2006）所构建的理论框架基础上的。在 Johnson 和 Myatt（2006）模型的基础上，笔者拓展了企业成本结构方面的假设，并以此研究了市场规模扩大与贸易自由化对不同成本结构的行业产品质量升级的影响。该影响基于市场规模扩大（贸易自由化）所带来的市场竞争激烈程度的改变以及固定研发成本更容易平摊。市场竞争会促使企业进行新产品的研发或者提升产品的质量，而市场规模的扩大会使得企业有更多的收入去平摊研发费用。这也是三星公司会将其所生产的芯片卖给竞争对手的原因，其根本的目的是要平摊芯片研发所付出的高额固定投入支出。本章理论分析所得出的结论可以被一系列实证研究发现所佐证。首先是关于市场规模与产品质量之间关系的实证研究。Berry 和 Waldfogel（2010）利用美国城市层面的数据研究了市场中产品质量与城市市场规模之间的关系。该研究发现城市规模越大，该城市中的餐厅所提供的菜品种类越丰富，高档餐厅的密度也越大，该城市出版的报刊的内容也越为丰富。Li 和 Miao（2017）的研究也发现，贸易自由化促进中国出口企业提高了出口产品的质量。除了产品质量的变化，本章的研究还预测，贸易自由化所带来的竞争加剧会使得企业的成本加成率（Markup）下降，同时缩小企业之间成本加成率的差距。这一预测与 Edmond 等（2015）、Levinsohn（1993）、Harrison（1994）以及 Krishna 和 Mitra（1998）等的研究相符。

本章的理论模型假定市场中的产品为质量梯度上具有差异化的所谓"垂直差异化产品"（Vertical differentiation products）。产品的垂直差异化是相对于产品的水平差异化提出来的概念。产品的垂直差异化与水平差异化存在明显的区别。所谓垂直差异化是指产品之间存在质量方面的差异，而水平差异化则是指产品之间在非质量层面上的差异。比如，高档的奔驰汽车与中低档的大众汽车之间存在质量差异，我们可以认为它们之间存在垂直化差异；而红罐包装的可口可乐与蓝罐包装的百事可乐之间的质量差异非常小，两种饮料产品的差异可能只是口感与包装的不同，我们不能以包装上的不同来评价哪个产品更优，这种非质量层面的差异被称为产品的水平化差异。企业可以通过提供垂直与水平差异化的产品，以达到满足不同偏好消费者需求、挤占竞争对手市场份额的目的。

本章的模型是在 Johnson 和 Myatt（2006）模型的基础上构建的。本章模型假定企业首先从一个离散集合 $\{q_1, q_2, \cdots, q_s\}$ 中选择其生产产品的质量水平，然后在市场中与其他企业进行产品数量竞争。消费者遵循非位次消费偏好，即消费者对产品质量的偏好与其收入水平成正比。另外，企业若想提升产品的质量，可以通过选用更为昂贵的零部件来实现，而这仅增加了生产的可变成本，没有增加企业的固定成本。Johnson 和 Myatt（2006）模型比较适用于研发支出较低的行业，而对于产品质量提升依赖于大量研发支出的行业，该模型无法做出分析。基于这一点，本章的模型拓展了 Johnson 和 Myatt（2006）模型关于企业成本结构的假设，并深入分析了在固定研发投入较高的行业，市场规模扩大与贸易自由化是如何影响企业对产品质量水平选择的，以及不同企业的利润（或成本加成率）是如何被决定的。在下一节，笔者将通过理论模型探讨以上问题。

第二节　理论模型

在本节中，笔者将基于垂直差异化寡头竞争模型来分析市场规模扩大与贸易自由化对企业进行产品质量选择与研发投入行为的影响。首先是企业行为方面的设定。企业在生产过程中有两种产品质量水平可供选择，一个是高质量水平 q_H，另一个是低质量水平 q_L。两种质量水平由大于 0 的实数来表示，并且满足 $0<q_L<q_H$。企业可以选择只生产一种质量水平的产品，如只生产高质量产品或者只生产低质量产品，也可以同时生产这两种质量的产品。生产高质量产品的可变成本与固定成本投入不低于生产低质量产品的相应成本。笔者将讨论两种成本结构：一种为提升产品质量需要提升产品的可变成本，但不增加固定研发投入；另一种为提升产品质量需要增加固定研发投入，但不增加（或者小幅度增加）产品的可变成本。

一、消费者行为

笔者假定消费者的偏好存在异质性，即他们对产品质量的偏好存在差异。笔者用参数 θ 来表示某个消费者对于产品质量的偏好程度，且该偏好度的取值范围为 $0\leq\theta\leq\bar{\theta}$，并服从一个已知的分布函数 $G(\theta)$。该函数符合以下特征：$G(0)=0$、$G(\bar{\theta})=1$ 以及 $G'(\theta)>0$。另外，消费者人口规模由参数 N 表示。每个消费者至多消费一单位差异化商品，即选择一单位高质量产品或者一单位低质量产品进行消费。笔者标记高、低质量产品的质量水平分别为 q_H 和 q_L，而价格分别为 P_H 和 P_L。消费者从商品的质量上获得正效用 θq_H 或 θq_L，但同时因支付价格而产生了负效用。因此，该消费者购买高质量产品与低质量产品所获得的总效用分别为 θq_H-P_H 与 θq_L-P_L。注意：此处的 θ 也可以看作是该消费者的收入水平或预算约束，因为在不改变效用函数所表达的偏好程度的前提下，我们可以将该效用函数

等价写为 $q_H - P_H/\theta$ 与 $q_L - P_L/\theta$。此处的 P_H/θ 与 P_L/θ 可以表示该消费者的花费占其收入的比重。很显然，消费者的收入越高，购买该差异化产品所占其收入比重就越低，消费者就会越关注产品的质量而忽视产品的价格。因此，我们可以认为，收入越高的消费者，越倾向于赋予产品质量更高的效用权重，即质量偏好与消费者的收入水平成正比。消费者会根据自己的质量偏好或者收入水平，来对比购买高质量产品、购买低质量产品以及不购买任何差异化产品这三种选择所带来的效用高低，从而进一步决定其会做出哪种消费选择。一般而言，高质量产品的价格 P_H 会高于低质量产品的价格 P_L。这不仅是由于高质量产品需要更高的生产成本，还由于消费高质量产品的消费者获得了更高的产品质量所带来的效用，消费者愿意支付更高的价格来获得效用水平的提升。为了便于接下来的分析，笔者将定义三种偏好 θ 的消费者，他们分别为：

$$\theta_L \equiv \frac{P_L}{q_L}, \quad \theta_H \equiv \frac{P_H}{q_H}, \quad \theta_I \equiv \frac{P_H - P_L}{q_H - q_L} \tag{3-1}$$

另外，笔者假定产品价格取值使得关系式 $0 < \theta_L < \theta_I < \bar{\theta}$ 自然成立，并进一步推导可得以下关系式：

$$\frac{P_H - P_L}{q_H - q_L} > \frac{P_H}{q_H} \Longleftrightarrow \frac{P_L}{q_L} < \frac{P_H}{q_H} \tag{3-2}$$

偏好参数（收入水平）为 θ_L 的消费者对于购买低质量差异化产品与不购买任何差异化产品两种选择之间没有效用水平差异，因为购买低质量产品带来的总效用为 $\theta_L q_L - P_L = 0$，与不购买差异化产品的效用水平相等。该消费者不会选择购买高质量产品，因为购买高质量产品对他来说总效用为 $\theta_L q_H - P_H < 0$。因此该消费者可以选择购买低质量差异化产品，也可以选择不购买差异化产品。而对于偏好参数（收入水平）为 θ_I 的消费者，其购买高质量差异化产品与购买低质量差异化产品所获得的效用水平相等，即 $\theta_I q_L - P_L = \theta_I q_L - P_L$。因此，该消费者对于购买高质量差异化产品与低质量差异化产品不存在消费倾向，他可以选择任何一种产品购买。在找到这两类特殊消费偏好的消费者之后，我们可以进一步得到购买高质量产品、购买低质量产品以及不购买差异化产品的消费者的偏好区间。当消费

者的偏好参数（收入水平）θ 小于 θ_L 时，其会选择不购买任何差异化产品。当消费者的偏好参数（收入水平）θ 处在大于 θ_l 而小于 θ_H 的区间时，购买低质量差异化产品所带来的效用水平最高，该消费者会选择购买低质量差异化产品。当消费者的偏好参数（收入水平）θ 高于 θ_H 时，其购买高质量差异化产品所带来的效用水平最高，该消费者会选择高质量差异化产品。根据以上结论，我们可以进一步推导出高质量产品与低质量产品的市场份额分别为 $G(\bar{\theta}) - G(\theta_l)$ 与 $G(\theta_l) - G(\theta_L)$。

二、生产者行为

在本部分，笔者将介绍理论模型的生产者部分，包括企业的成本结构、利润函数、产品质量选择以及竞争模式等。每个企业会参与两阶段博弈：在第一阶段，企业首先决定它们所生产产品的质量。如果选择生产高质量产品，或者同时生产高质量产品与低质量产品，企业需要付出 F_H 的固定研发投入。如果该企业决定只生产低质量产品，则只需要付出 F_L 的固定成本（$F_L \leqslant F_H$）。在第二阶段，企业选择本企业的产品产量并与其他企业进行面对面的寡头竞争（Head-to-head oligopolistic competition）。笔者标记高质量产品与低质量产品的单位成本分别为 C_H 和 C_L，一般情况下单位成本之间的大小关系为 $C_L \leqslant C_H \leqslant \bar{\theta} q_H$。笔者将生产高质量产品（包括同时生产两种质量水平的产品）与生产低质量产品的企业数量分别标记为 m_H 和 m_L。市场中高质量产品与低质量产品的供给量分别为 X_H 与 X_L。另外，笔者标记 $P_H(X_H, X_L)$ 与 $P_L(X_H, X_L)$ 分别为市场对高质量产品与低质量产品的反需求函数。根据以上设定，可以分别写出进行高质量研发支出的企业与没有进行该项投资的企业的利润函数：

$$\begin{cases} \pi_H^i = [P_H(X_H, X_L) - C_H] x_H^i + [P_L(X_H, X_L) - C_L] x_L^i - F_H \\ \pi_L^i = [P_L(X_H, X_L) - C_L] x_L^i - F_L \end{cases} \qquad (3\text{-}3)$$

在得到了消费者反需求函数与生产者利润函数之后，基于效用水平最大化与利润最大化原则，每个消费者和企业会做出最优化行为选择，并最终形成市场均衡条件下的产品价格、质量与供给量（需求量）。

三、市场均衡

在本部分，笔者将分析不同成本结构下的市场均衡特征，并进一步分析市场规模扩大与贸易自由化对市场均衡条件下各市场变量的影响。为了方便讨论，笔者定义以下单位质量所平摊的固定成本与边际成本：

$$f_H \equiv F_H/q_H, \quad f_L \equiv F_L/q_L, \quad c_H \equiv C_H/q_H, \quad c_L \equiv C_L/q_L \tag{3-4}$$

笔者将分析两种与现实世界较为相符的成本结构下的市场均衡特征。在第一种成本结构下，企业如果想要将产品质量从低质量水平提高到高质量水平，该企业需要较大幅度地提高固定研发成本，单位质量研发支出满足关系 $f_H > f_L$。同时，产品的边际成本增长幅度较小，边际成本满足关系 $C_H > C_L$ 且 $c_H < c_L$。在第二种成本结构下，产品质量提升不需要更多的固定研发投入，但需要较大幅度地提高生产产品的边际成本。该成本结构由以下关系式描述：$c_H \geqslant c_L$ 且 $F_H = F_L = F$。

（一）第一种成本结构

笔者首先分析第一种成本结构下的均衡。在该成本结构下，以下不等式成立：

$$f_H \geqslant f_L \quad 且 \quad c_H < c_L < \bar{\theta} \tag{3-5}$$

笔者假设任何只投资 F_L 的企业都无法生产出高质量的产品，只能生产低质量产品。该企业的产品产量标记为 x_L。相比之下，投资 F_H 的企业可以同时生产两种质量水平的产品。笔者将该企业高质量产品与低质量产品的产量水平分别表示为 x_H^i 和 x_L^i。在该成本结构下，笔者可以证明得到以下关于两类产品在市场均衡条件下的成本加成率的引理。

引理 1：假设企业的生产成本满足以下条件：$f_H \geqslant f_L$、$C_H > C_L$ 以及 $c_H < c_L < \bar{\theta}$。在该生产成本结构下，对于任何满足 $G'(\theta) > 0$ 的消费者偏好分布 $G(\theta)$，高质量产品的成本加成率都大于低质量产品的成本加成率，即 $P_H/C_H > P_L/C_L$；并且相较于低质量产品，高质量产品每单位质量的价格更高，即 $P_H/q_H > P_L/q_L$（证明见附录）。

注释 1：基于美国贸易数据的分析，Baldwin 和 Harrigan（2011）发现质量越高的产品价格越贵，并且成本加成率越高。该实证发现与引理1一致。

笔者接下来将展示关于市场中企业在质量梯度上选择专门化生产的引理。该引理将进一步推导出市场规模扩大对市场均衡的影响。在偏好分布函数 $G(\theta)$ 为任意凸函数或线性函数时，存在一个古诺竞争均衡，在该市场均衡中同时存在生产高质量产品与生产低质量产品的企业，并且每个企业都专门化生产一种质量水平的产品。用数学语言表达该引理如下：

引理2：假设 $f_H \geq f_L$、$G(\theta)$ 满足以下条件：

①对于所有 $\theta \in (0, \bar{\theta})$，满足 $G'(\theta) \geq 0$；

②$G''(\theta) \leq 0$。

那么，该博弈存在一个古诺竞争条件下的纳什均衡。在该均衡中同时存在生产高质量产品与低质量产品的企业，并且每个企业只会专门化生产一种质量水平的产品（证明见附录）。

注释2：引理2是建立在线性效用函数 $u(\theta, q_i) = \theta q_i$（Mussa 和 Rosen，1978）的基础上的。笔者将会在之后的内容中讨论在一个一般化的非线性效用函数 $u(\theta, q_i)$ 的条件下，引理2关于企业生产专门化的结论是否还成立。

在接下来的内容中，笔者将在线性消费偏好函数的条件下解出市场均衡时的各类企业数量以及不同质量水平的产品的数量和价格。由于企业参与的是两阶段博弈，我们需要按照逆向顺序，在给定第一阶段结果的条件下首先解出第二阶段的博弈均衡，以此来判断在给定第一阶段博弈结束以后，在各种条件下第二阶段各企业的行为选择。处在第一阶段的各企业会根据对第二阶段企业行为的预测来做出第一阶段的策略选择。笔者假定在第一阶段选择结束后，有 m_H 和 m_L 分别进行了高质量产品研发投入与低质量产品研发投入。根据第一阶段的选择结果，在第二阶段，每个企业会根据以下关于利润函数（3-3）的一阶导数等式来选择最优的产品产量 x_H^{i*} 与 x_L^{i*}。

$$\begin{cases} \bar{\theta} q_H \left(1 - \dfrac{m_H x_H}{N}\right) - \dfrac{\bar{\theta} q_L m_L x_L}{N} - \dfrac{\bar{\theta} q_H x_H}{N} - C_H = 0 \\ \bar{\theta} q_L \left(1 - \dfrac{m_H x_H + m_L x_L}{N}\right) - \dfrac{\bar{\theta} q_L x_L}{N} - C_L = 0 \end{cases} \quad (3-6)$$

根据第二阶段各种条件下企业对产品产量的选择预测，企业会在第一阶段对产品质量进行选择。与此同时，企业自由进入与退出的零利润条件决定了变量 m_H 和 m_L 的值。该零利润条件为：

$$\begin{cases} \pi_H^* = \dfrac{\bar{\theta} q_H}{N}(x_H^{i*})^2 - F_H = 0 \\[3mm] \pi_L^* = \dfrac{\bar{\theta} q_L}{N}(x_L^{i*})^2 - F_L = 0 \end{cases} \tag{3-7}$$

根据式（3-5）和式（3-6），可以解出第一阶段选择投资高质量产品的企业数量与投资低质量产品的企业数量 m_H^* 和 m_L^*。

$$\begin{cases} m_H^* = \dfrac{k\sqrt{1/\beta} + [1-k+(kc_L-c_H)/\bar{\theta}]\sqrt{(\bar{\theta}N)/f_H} - 1}{1-k} \\[4mm] m_L^* = \dfrac{\sqrt{\beta} - (c_L-c_H)\sqrt{N/(\bar{\theta}f_L)} - 1}{1-k} \end{cases} \tag{3-8}$$

其中，$f_H \equiv F_H/q_H$、$c_H \equiv C_H/q_H$、$\beta \equiv f_H/f_L$ 以及 $k \equiv q_L/q_H < 1$。根据式（3-8）的推导，在条件等式（3-9）和 $f_H > f_L > 0$ 成立的情况下，m_H^* 与 m_L^* 存在大于零的正解。

$$\sqrt{N^{**}/\bar{\theta}} \equiv \frac{\sqrt{f_H}-\sqrt{f_L}+(1-k)\sqrt{f_L}}{c_L-c_H+(1-k)(\bar{\theta}-c_L)} < \sqrt{N/\bar{\theta}} < \frac{\sqrt{f_H}-\sqrt{f_L}}{c_L-c_H} \equiv \sqrt{N^*/\bar{\theta}} \tag{3-9}$$

条件等式（3-9）表明，如果生产两种质量产品的企业同时存在于市场中，市场的规模 N 不可以太大也不可以太小，因为生产高质量产品的企业需要进行大量的固定研发投资。如果市场规模很小，比如小于 N^{**}，市场则不会有足够的规模去平摊高昂的固定投入，此时不会有企业选择生产高质量产品。如果市场规模太大，比如大于 N^*，市场中便会因出现太多的生产高质量产品的企业，而使得市场竞争加剧，竞争能力较弱的生产低质量产品的企业则会被排挤出市场。只有当市场规模处在中间时，市场中才会同时出现生产高质量产品与生产低质量产品的企业。定理1总结了市场均衡的特征。

定理1：假设 $c_H < c_L$、$f_H > f_L$ 以及条件等式（3-9）满足，市场博弈便会达到一个同时存在生产高质量产品与低质量产品企业的均衡点（m_H^*，m_L^*）>（0，0），并且随着市场规模 N 的扩大，生产高质量产品的企业数量 m_H^* 将增长，而生产低质量产品的企业数量 m_L^* 则会减少，这将导致高质量产品的相对供给量增加，即 X_H/X_L 会增长，这将意味着市场中产品的平均质量会上升（证明见附录）。

定理 1 展示了古诺竞争模型市场均衡的一个重要特征，那便是企业之间的竞争强度会随着市场规模的扩大而提高，并最终因市场竞争加剧而将竞争力较弱的企业排挤出市场。该模型与大量实证经验证据相匹配。该市场均衡与市场规模之间关系的特征也在 Fajgelbaum 等（2011）的研究中利用价格竞争模型进行了论证，并得到了相似的结论。接下来，笔者将继续讨论市场规模扩大对市场均衡条件下产品价格与成本加成率的影响。当生产两种产品的企业同时存在于市场中时，市场均衡条件下的各产品价格可以由式（3-10）得到。

$$\begin{cases} P_H = C_H + q_H \sqrt{\dfrac{\theta f_H}{N}} \\ \\ P_L = C_L + q_L \sqrt{\dfrac{\theta f_L}{N}} \end{cases} \qquad (3\text{-}10)$$

由式（3-10）可知，两种产品的市场价格都会随着市场规模的扩大而降低。关于成本加成率的变化，笔者首先定义高质量产品与低质量产品的成本加成率为 $\rho_H \equiv P_H/C_H$ 和 $\rho_L \equiv P_L/C_L$。然后可得以下关于成本加成率的等式：

$$\begin{cases} \rho_H = 1 + \dfrac{1}{c_H} \sqrt{\dfrac{\theta f_H}{N}} \\ \\ \rho_L = 1 + \dfrac{1}{c_L} \sqrt{\dfrac{\theta f_L}{N}} \end{cases} \qquad (3\text{-}11)$$

由式（3-11）可知，两种产品的成本加成率也随着市场规模的扩大而降低。另外，式（3-10）和式（3-11）还表明，高质量产品的价格和成本加成率随着市场规模扩大而下降的速度快于低质量产品的。这会造成高质量产品相较低质量产品的相对价格与相对成本加成率随着市场规模扩大而降低。笔者将以上讨论的结论总结为定理 2。

定理 2：在定理 1 所列条件全部满足的情况下，存在且唯一存在一个两类企业数量都为正的市场均衡点 (m_H^*, m_L^*)。在此市场均衡条件下，市场规模扩大会导致所有类型的产品的价格与成本加成降低，并且高质量产品对低质量产品的相对价格与相对成本加成率降低（证明略）。

定理 2 所阐述的规律与 Edmond 等（2015）关于经济一体化对企业成本加成率和成本加成率在异质性企业之间分配的影响的实证发现一致。他们的研究指出，贸易自由化带来了市场竞争的加剧，从而减少了企业的成本加成率，而市场竞争的影响对成本加成率高的企业更显著，从而降低了成本加成率在企业之间分布的离散程度。本书的理论分析得出了类似的结论——市场规模的扩张导致所有企业的成本加成率降低，并缩小了高质量产品与低质量产品之间成本加成率的差距。关于该影响规律，本书的直观解释是：随着市场规模的扩大，越来越多的企业进入市场，从而导致市场竞争加剧，每个企业的产品价格与成本加成率因此降低。同时，市场规模的扩大也使得每个企业扩大了销售额，从而平摊了高质量产品的固定研发投入，激励企业去进行质量层面的投资。一般而言，生产高质量产品的企业的竞争力高于生产低质量产品的企业。市场竞争的加剧会导致生产低质量产品的企业被排挤出市场。因此，市场中生产高质量产品的企业会增加，生产低质量产品的企业会减少。生产高质量产品的企业因为面临来自同质企业更激烈的竞争，其产品价格与成本加成率会进一步下降。相比之下，由于生产低质量产品的企业数量减少，来自同类型竞争对手的竞争压力得到缓解，从而延缓了低质量产品价格与成本加成率的下降速度。

（二）第二种成本结构

在本部分，笔者将讨论另一种成本结构下的市场均衡特征。该成本结构假定企业提升产品的质量并不会增加固定研发投入，即 $F_H = F_L = F$，但需要大幅度提高生产产品的单位成本，即 $c_H > c_L$。该成本结构与 Johnson 和 Myatt（2006）中的模型设定相同。Johnson 和 Myatt（2006）已证明，在该成本结构下，所有企业都将同时生产高质量产品与低质量产品。基于该结论，笔者进一步探究了市场规模扩大对于市场均衡的影响，并总结为定理3。

定理3：当条件 $F_H = F_L = F$ 和 $c_H > c_L(\bar{\theta} - c_L)/(\bar{\theta} - c_H) > q_H q_L$ 成立，且固定投入 F 相对市场规模较小时，每家企业会同时生产高质量产品和低质量产品。市场规模的增加将导致企业数目增加，但会低于市场规模的增长速度；产品价格和成本加成率下降，同时高质量产品相对于低质量产品的相对价格与相对成本加成率下降；高质量产品的市场销售份额增加，即 $P_H X_H/(P_H X_H + P_L X_L)$ 提高，但以产量计算的市场份额 $X_H/(X_H + X_L)$ 没有变化（证明见附录）。

第二种成本结构条件下的市场均衡特征与上部分中第一种成本结构条件下得到的结果完全不同。在第一种成本结构条件下，市场规模的增加会导致高质量产品与低质量产品的产量比率增加。相比之下，在第二种成本结构条件下，定理3显示此比率保持不变。笔者设想可能的原因是：首先，在第二种成本结构条件下，高质量产品和低质量产品的生产共享相同的固定成本，因此当市场规模扩大时，高质量产品相较于低质量产品不会获得额外的成本优势。其次，在第二种成本结构条件下，每家企业都会同时生产两种类型的产品，因此两种类型产品之间的市场竞争在企业边界之内被内部化了，这大大缓解了低质量产品被排挤出市场的压力。两种产品的产出比例由市场竞争因素决定变成了企业内部利润最大化为导向的最优搭配选择。因此，当市场规模扩大时，高、低质量产品相对供给量便不会发生明显的变化。

接下来，笔者将对两种成本结构下的企业行为与市场均衡特征做一个详细的比较与总结，并对本章的基准模型做一些拓展讨论。

第三节　分析与讨论

一、企业行为与市场均衡特征

图3-1对比了两种成本结构条件下的市场均衡特征。在第二种成本结构条件

下（两种质量的产品的固定研发投入相等 $F_H = F_L = F$），任何进行研发投资的企业都可以生产高、低两种质量水平的产品而无须支付任何额外的固定成本。同时，产品质量的提升会导致更高的边际成本。在此成本结构下，每家企业都会选择同时生产两种类型的产品。市场规模的扩大将吸引更多的企业进入市场，但企业不会调整其生产高、低质量产品的产出比率。在这种成本结构下，市场上的平均质量不随市场规模的变化而变化。式（3-12）表示在第二种成本结构下的高、低质量产品的相对供给量，表明两种产品的供给比例独立于市场规模 N。

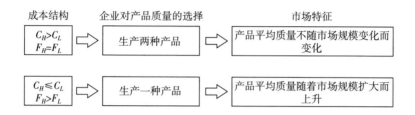

图 3-1　成本结构、企业策略与市场均衡特征

$$\hat{q} = \left(\frac{X_H}{X_H + X_L} \right) q_H + \left(\frac{X_L}{X_H + X_L} \right) q_L \tag{3-12}$$

接下来，我们再来讨论第一种成本结构下的市场均衡特征。当产品质量升级依赖于大幅度提升固定研发投入时，任何希望升级产品质量水平的企业都必须承担更高的每单位质量所平摊的固定成本，即 $F_H/q_H > F_L/q_L$。但是，产品的边际成本不会因为质量提高而明显地提高，即边际成本满足条件 $C_H > C_L$，$C_H/q_H < C_L/q_L$。在此成本结构下，笔者发现对于已经进行高质量研发投入的企业，其第二阶段的最优策略是专注于生产高质量的产品，即便它有能力生产低质量产品。而没有进行高质量研发投入的企业，只能生产低质量产品。因此，在市场均衡条件下，每家企业只会生产单一质量水平的产品。对此现象可能的解释是，对于一家已进行高质量研发投入的企业，如果以相近的边际成本生产低质量产品，不但不能获得成本节约的好处，反而会造成低质量产品对本企业所生产高质量产品的替代，"蚕食"本企业高质量产品的市场份额，从而降低企业整体的利润。为避免这种

"蚕食"效应（Cannibalization effect）的发生，企业会只提供高质量的产品。这种现象在制药行业非常普遍。当一种新药被研发出来以后，效果稍差的旧药会被淘汰。基于这种产品专门化的市场均衡，高质量产品与低质量产品会因为失去企业内部的产量调整而使产品之间的竞争更为激烈。市场规模的扩大将导致更多的企业进入市场，从而提高市场竞争的激烈程度。与此同时，市场规模的扩大使得每个企业的平均销售额上升，从而摊薄了固定研发成本，激励企业增加对产品质量的研发投入。因此，生产高质量产品的企业数量会增加，而生产低质量产品的企业数量会下降。从消费者的角度来看，市场扩张有两个主要收益。首先，价格的下降使得原本无力购买差异化商品的低收入者能够有能力购买差异化商品。其次，高质量产品的市场份额增加，意味着就平均而言，消费者购买高质量产品的比例提高了。这两方面作用共同促进了消费者效用水平的提升。

本章的理论结果与现实世界中的典型事实基本相符，特别是对于第一种成本结构的行业。质量升级高度依赖于研发投入的增长，但生产的边际成本不随质量变化而产生明显变化。这类行业的例子包括纸质媒体、化妆品、制药行业等。在这些行业中，企业可能会专注于质量谱系的高端或低端。例如，报社不会在同一时期发行厚度和内容不相同的报纸。在制药行业，拥有最新药品研发专利的药企在大多时候不会同时售卖用于治疗同一种疾病的旧配方药。在专利保护期内，他们往往只销售效果最佳的新药。如前所述，这些市场策略都旨在避免所谓的同类"蚕食效应"，即本企业类似产品之间的相互竞争效应。Berry 和 Waldfogel（2010）的实证研究也为本书的结论提供了佐证——在产品质量依赖于固定投入的报纸行业，随着城市规模的扩大，报纸的厚度越厚；而在产品质量依赖于边际成本提高的餐饮行业，城市规模的扩大没有明显提升餐厅菜品的质量。另外，本章的理论研究还发现市场规模会降低产品的成本加成率与成本加成率的离散程度，这一规律与 Edmond 等（2015）的量化研究结果一致。

二、模型拓展：一般形式的效用函数

笔者之前的讨论都是建立在线性效用函数 $U(P_i, q_i, \theta) = \theta q_i - P_i$ 的基础上的。

介于线性效用函数的特殊性，一个很自然的问题便是：以上关于市场均衡特征的结论是否在更一般的效用函数形式下依然成立？为了验证本章论证的稳健性，笔者借鉴了 Johnson 和 Myatt（2006）中模型所使用的一般化形式的效用函数（3-13）对之前的论证进行验证。

$$U(P_i,\ q_i,\ \theta)=u(\theta,\ q_i)-P_i \tag{3-13}$$

其中，函数 $u(\theta,\ q_i)$ 是消费者质量偏好参数 θ 的增函数。另外，给定任意 θ，笔者假定以下关系成立 $u(\theta,\ q_H)>u(\theta,\ q_L)$，且该函数在定义域的各处都存在反函数 $u^{-1}(\cdot)$。接下来，笔者将证明在满足一定条件的基础上，企业将在产品质量上采取专门化策略。

假设定义域为 $[0,\ \bar{\theta}]$ 的消费者偏好的累计分布函数为 $G(\theta)$，且满足以下条件：对任意定义域里子开集取值的消费者偏好水平 $\theta\in(0,\ \bar{\theta})$，偏好分布的密度分布大于零 $(G'(\theta)>0)$。在给定产品质量 $(q_H,\ q_L)$ 与产品价格 $(P_H,\ P_L)$ 的条件下，笔者定义偏好水平为 θ_I 的消费者对于消费高质量产品与低质量产品没有偏好差别 $U(P_H,\ q_H,\ \theta_I)=U(P_L,\ q_L,\ \theta_I)$。在一般情况下，产品的价格符合以下不等关系 $P_H>P_L$。[1] 因此，对于消费者 θ_I，以下关系自然满足 $u(\theta_I,\ q_H)>u(\theta_I,\ q_L)$。笔者继续假设，函数 $u(\theta,\ q_H)$ 在取值 θ_I 附近的对 θ 一阶偏导大于 $u(\theta,\ q_L)$ 在取值 θ_I 附近的对 θ 的一阶偏导 [见式（3-14）]。

$$u_1(\theta_I,\ q_H)>u_1(\theta_I,\ q_L) \tag{3-14}$$

其中，$u_1(\cdot)$ 代表函数 $u(\cdot)$ 相对于 θ 的一阶偏导数。该性质确保偏好水平高于 θ_I 的消费者会购买高质量的产品。为简化分析，笔者将消费者总数标准化为数值 1。另外，笔者定义 θ_L 为无差别偏好低质量产品和不购买任何差异化产品的消费者偏好水平。根据以上设置，笔者首先解出 θ_I 和 θ_L 的表达式分别为 $\theta_I=G^{-1}(1-X_H)$ 和 $\theta_L=G^{-1}(1-X_H-X_L)$。对于一个进行了高质量研发投入的企业 i，笔者假设其生产高质量产品的产量为 x_H^i。另外，笔者将 $\Psi(x_H^i)$ 定义为：

$$\Psi(x_H^i)\equiv u[G^{-1}(1-X_H^{-i}-x_H^i),\ q_H]-u[G^{-1}(1-X_H^{-i}-x_H^i),\ q_L] \tag{3-15}$$

---

① 如果 $P_H\leq P_L$，则没有任何消费者会选择购买低质量产品。

其中，X_H^{-i} 表示市场上除了企业 i 以外的所有其他企业所生产的高质量产品的总量。此表达式正好等于两种产品的均衡价格之间的差额，即 $P_H - P_L$。笔者假设，通过增加一个单位 x_H^i 的生产，同时减少一单位 x_L^i 的生产，企业收入的增加幅度会超过成本的增加幅度，即：

$$\Phi'(x_H^i) > C_H - C_L \tag{3-16}$$

其中，$\Phi(x_H^i) \equiv \Psi(x_H^i) x_H^i$。根据式（3-16）可以判断，已经投入了高质量研发投资的企业 i，只会生产高质量产品。

式（3-16）表示，当产品的边际成本随着质量升级变动很小时，已经投资高质量产品研发的企业不会选择生产低质量产品。因为生产低质量产品不会在很大程度上节约可变成本，反而会"蚕食"高质量产品的利润。笔者将以上讨论总结为定理4。

定理4： 假设一般效用函数 $u(\theta, q_i)$ 满足式（3-14）和式（3-16），即在值 θ_l 附近对 θ 单调递增，且生产高质量产品与生产低质量产品的边际成本的差值不是太大，那么，已经投资高质量产品研发固定支出（使该企业能够生产两种类型的产品）的企业将会专门化生产高质量产品（证明见附录）。

第四节 贸易自由化效应

在本节中，笔者将探索以贸易成本下降为标志的贸易自由化（经济一体化）对市场均衡的影响。本节的讨论将以第一种成本结构为主，即产品质量的提升需要大幅度提高产品的固定研发投入。在某种程度上，降低两个贸易国之间的贸易成本等价于扩大两个国家的市场规模。因此，我们可以预期贸易自由化的效果与市场规模扩大的效应类似，贸易成本的下降会使得每个国家的高质量产品的市场份额增加，而产品的成本加成率与成本加成率的分散程度会降低。根据之前的引理2和定理4，即承担高质量产品研发成本的企业只会生产高质量产品，而没有进行该投资的企业则只生产低质量产品。如果参与贸易的两个国家的市场规模相同，我们可以得到每个市场中每种质量水平的产品在长期市场均衡条件下的价格、产量以及成本加成率的具体表达式。而当参与贸易的两国的市场规模不同时，我们则无法得到以上变量的具体表达式。笔者将以代入参数数值的方式来模拟第二种情况下的市场均衡，并用模拟图来展示结果。

一、两个规模对称的国家之间的贸易自由化

假设有两个国家进行贸易，一个是本国 h，一个是外国 f。每个国家有两个行业。行业 1 生产两种垂直差异化的产品，即高质量产品和低质量产品。它们的质量水平由 q_H 和 q_L 来表示。行业 1 中的企业必须承担研发固定成本 F_H 和 F_L，才能够分别生产高质量产品和低质量产品，并且单位质量研发成本符合以下不等式 $f_H > f_L$。与笔者之前的假设相同，进行了高质量研发投入的企业也拥有生产低质量产品的技术。企业生产两种产品的边际成本满足以下关系 $c_H < c_L$，其中 $c_H \equiv C_H / q_H$ 和 $c_L \equiv C_L / q_L$ 分别为两种产品的单位产品质量的边际成本。企业之间进行两阶段博弈，在第一阶段选择质量研发投入，而在第二阶段选择产品产量并进行古诺竞争。行业 2 生产生活必需品，消费者在购买差异化产品之后剩余的预算用来购买生活必需品。假设生活必需品的价格为单位 1。生产一单位生活必需品需要一单位劳动力，即边际成本为 1。每单位劳动的工资率水平也为 1。每个消费者所拥有的劳动力存量不一样，这就造成了消费者的收入水平不一样，他们对产品质量的偏好程度也就不一样。假设本国消费者数量为 N_h，外国消费者数量为 N_f。由于两国规模是对称的，因此 $N_h = N_f = \frac{1}{2}N$。其中，N 为两国的总人口。

为了简化分析，根据关于贸易自由化的文献的通常做法（Krugman，1995；Feenstra，2015；Long 等，2011），笔者假设贸易壁垒以"冰山运输成本"的形式存在，而且只有差异化产品才会受到贸易壁垒的影响。当差异化产品的国内生产商将 x 单位商品出口到国外时，只有 δx 的商品会最终到达目的地。其中，δ 为

大于 0 小于 1 的实数。贸易自由化的数学表达为 δ 的数值增加。

每个生产高质量产品的本国企业同时决定供给本国与外国市场的产品数量 x_H^{hh} 和 x_H^{hf}。同样，每个生产低质量产品的本国企业也需要同时决定供给本国与外国市场的产品数量 x_L^{hh} 和 x_L^{hf}。对于外国企业相对应的产品供给，笔者标记为 x_H^{fh}、x_H^{ff}、x_L^{fh} 和 x_L^{ff}。另外，笔者标记本国生产高质量产品与低质量产品的企业数量分别为 m_H^h 和 m_L^h。外国生产高质量产品与低质量产品的企业数量分别为 m_H^f 和 m_L^f。$\delta m_H^h x_H^{hf}$ 和 $\delta m_L^h x_L^{hf}$ 分别表示本国供给外国并最终到达外国市场的高质量产品与低质量产品数量。相对应地，$\delta m_H^f x_H^{fh}$ 和 $\delta m_L^f x_L^{fh}$ 分别表示外国供给本国并最终到达本国市场的高质量产品与低质量产品数量。因此，供给本国市场的各类型产品数量可以表达为：

$$\begin{cases} X_H^h = m_H^h x_H^{hh} + \delta m_H^f x_H^{fh} \\ X_L^h = m_L^h x_L^{hh} + \delta m_L^f x_L^{fh} \end{cases} \tag{3-17}$$

国内企业的利润方程为：

$$\begin{cases} \pi_H^h = \bar{\theta}\left[q_H\left(1 - \dfrac{X_H^h}{N_h}\right) - q_L\dfrac{X_L^h}{N_h}\right] x_H^{hh} + \bar{\theta}\left[q_H\left(1 - \dfrac{X_H^f}{N_f}\right) - q_L\dfrac{X_L^f}{N_f}\right]\delta x_H^{hf} - C_H(x_H^{hh} + x_H^{hf}) - F_H \\ \pi_L^h = \bar{\theta}q_L\left(1 - \dfrac{X_H^h}{N_h} - \dfrac{X_L^h}{N_h}\right)x_L^{hh} + \bar{\theta}q_L\left(1 - \dfrac{X_H^f}{N_f} - \dfrac{X_L^f}{N_f}\right)\delta x_L^{hf} - C_L(x_L^{hh} + x_L^{hf}) - F_L \end{cases}$$

$$\tag{3-18}$$

在市场长期均衡条件下，每个企业的利润为 0。式（3-19）描述了本国生产高质量产品与生产低质量产品的企业在零利润条件下的市场均衡价格。

$$\begin{cases} P_H^h = \sqrt{\dfrac{\bar{\theta}q_H F_H}{(1+\delta^2)N_h}} + C_H \\ P_L^h = \sqrt{\dfrac{\bar{\theta}q_L F_L}{(1+\delta^2)N_h}} + C_L \end{cases} \tag{3-19}$$

式（3-19）显示，市场均衡价格随着贸易成本的下降（即 δ 的值上升）而下降。当 δ 的值趋向于 1（完全贸易自由化）时，式（3-19）将退化为式

（3-10）的表达形式。一个典型本国企业在国内与国外的销售量可以用式（3-20）表示。

$$
\begin{cases}
x_H^{hh} = \sqrt{\dfrac{N_h F_H}{\bar{\theta} q_H (1+\delta^2)}} \\[3ex]
x_L^{hh} = \sqrt{\dfrac{N_h F_L}{\bar{\theta} q_L (1+\delta^2)}} \\[3ex]
x_H^{hf} = \sqrt{\dfrac{N_f F_H}{\bar{\theta} q_H \left(1+\dfrac{1}{\delta^2}\right)}} \\[3ex]
x_L^{hf} = \sqrt{\dfrac{N_f F_L}{\bar{\theta} q_L \left(1+\dfrac{1}{\delta^2}\right)}}
\end{cases}
\tag{3-20}
$$

随着贸易成本的下降（δ 的值上升），每个本国企业在国内市场销售量因市场竞争激烈程度增加而下降，但同时因为贸易成本的降低而增加了对外国的出口量。接下来，笔者分析企业成本加成率的变化。本国企业生产高质量产品与低质量产品的成本加成率可以由式（3-21）表示①。

$$
\begin{cases}
\rho_H^h = \dfrac{\sqrt{F_H(1+\delta^2)}}{C_H\left(\sqrt{\dfrac{N_h}{\bar{\theta} q_H}} + \delta^2 \sqrt{\dfrac{N_f}{\bar{\theta} q_H}}\right)} + 1 \\[5ex]
\rho_L^h = \dfrac{\sqrt{F_L(1+\delta^2)}}{C_L\left(\sqrt{\dfrac{N_h}{\bar{\theta} q_L}} + \delta^2 \sqrt{\dfrac{N_f}{\bar{\theta} q_L}}\right)} + 1
\end{cases}
\tag{3-21}
$$

关于本国每种类型的企业的市场均衡条件下的数量，笔者用式（3-22）表示。

---

① 由于不同市场的价格不同，而出口到国外市场的边际成本高于在国内市场销售的边际成本，因此这里报告的成本加成率是使用企业的平均价格和平均边际成本计算的。

$$\begin{cases} m_H = \dfrac{\sqrt{\dfrac{(1+\delta^2)N}{2\theta}}\left[\bar{\theta}(q_H-q_L)+C_L-C_H\right]+\sqrt{q_L F_L}-\sqrt{q_H F_H}}{(1-k)(1+\delta^2)\sqrt{q_H F_H}} \\[4mm] m_L = \dfrac{k\sqrt{\dfrac{(1+\delta^2)N}{2\theta}}\left(C_H-\dfrac{C_L}{k}\right)+k\sqrt{q_H F_H}-\sqrt{q_L F_L}}{(1-k)(1+\delta^2)\sqrt{q_L F_L}} \end{cases} \tag{3-22}$$

其中，$k \equiv q_L/q_H$。根据式（3-22）可以发现，贸易成本下降（δ 的值上升）会使得本国生产两种类型产品的企业数量同时减少，但生产低质量产品的企业数量减少的速度更快。上述内容讨论了本国各市场变量的变化。由于参与贸易的两国是完全对称的，因此，本国的市场变化也同样适用于国外的情形。笔者将以上讨论总结为定理5。

定理5：考虑一个两国两种产品质量贸易模型，该模型允许企业自由进入与退出市场以达到市场长期均衡。那么，两国贸易成本的降低将导致以下市场变化：两种产品在每个国家的价格下降；差异化产品的总消费量增加。

此外，如果两国的市场规模相同，并且生产高质量产品的相对固定成本足够大，即 $\beta > \left(\dfrac{\bar{\theta}-c_H}{\bar{\theta}-c_L}\right)^2$，我们可以进一步得到以下结论：生产高质量产品的企业相对数量增加；每个国家供应的高质量产品的相对数量增加；每个企业的成本加成率下降；高质量产品的相对成本加成率下降（证明见附录）。

由以上分析可知，贸易自由化具有与市场规模扩大类似的效果。它增强了消费者获得外国产品的便利性，从而导致市场竞争的加剧，排挤了低质量产品。另外，由于贸易成本的下降，企业获得了更大的市场销售额，从而扩大了生产高固定投入的高质量产品的优势。涉及贸易自由化影响的相关结论与上一章节所讨论的市场扩张的影响类似。在下文中，笔者将继续分析贸易自由化对两个规模非对称的国家的影响。

二、两个规模非对称国家之间的贸易自由化

在两国规模非对称的情况下，我们无法计算得到一个关于市场均衡的解析解。因此，笔者将以数据模拟的方式来对比规模对称与规模非对称情况下，两国之间贸易自由化对市场均衡所带来的影响。首先，笔者将模型参数赋以如下数值：$\bar{\theta}=1$，$q_H=10$，$q_L=8$，$F_H=1$，$F_L=0.1$，$C_H=0.1$，$C_L=0.08$。另外，贸易成本指数 δ 从集合 {0，0.1，0.2，0.3，0.4，0.5，0.6，0.7，0.8，0.9} 中取值。注意，这里笔者没有模拟 $\delta=1$，即完全贸易自由化时的情形。因为当 $\delta=1$ 时，两个国家完全融合，其结论与上一章节的市场规模扩大的效果完全一致。其次，笔者将分别模拟两国规模对称与非对称时的情形。当两国的规模对称时，笔者设置人口规模参数为 $N_h=N_f=105$。当两国的人口规模不一样时，笔者设置 $N_h=100$，$N_f=110$。

图 3-2 至图 3-6 报告了两国人口规模相同时的模拟结果。根据图 3-2 所示，随着指数 δ 变大（即贸易成本下降），每个国家生产每种类型产品的企业数量都在下降，但与此同时，消费者获得的国外产品的供给量增加了。图 3-3 描述了生产高质量产品的企业与生产低质量产品的企业数量之比，即 m_H/m_L。根据图 3-3 显示，随着贸易自由化程度加深，每种类型产品的价格都会下降，但高质量产品的价格下降得更多。图 3-4 的上半部分显示各企业成本加成率随着贸易自由化的加深而下降；图 3-4 的下半部分显示了高质量产品对低质量产品的相对成本加成率也下降了。图 3-5 展示了位于每个国家的企业对每种产品的总供应量。该图表明，随着贸易自由化加深，高质量产品的供应量增加，而低质量产品的供应量减少。与此同时，高质量产品对低质量产品的相对供给量在增加。图 3-6 报告了每个国家消费者对每种类型产品的总需求。通过该图可以观察到，消费者对高质量产品的需求增加，对低质量产品的需求减少。产生这种变化的原因是高质量产品的相对价格下降所带来的消费替代效应。

图 3-7 至图 3-11 报告了两个人口规模不同的国家的模拟结果。总体而言，这些模拟显示的结果与规模对称国家的情况相似。两次模拟结果的主要区别在于，在国家规模不对称的情况下，当贸易成本降低时，如果初始贸易成本很小，则人口规模较小的国家生产高质量产品与生产低质量产品的企业相对数量会降低（见图 3-7）。类似的变化也反映在位于人口规模较小的国家的企业对高质量产品与低质量产品的供应比例上（见图 3-10）。笔者认为，造成这种现象的原因是生

产高质量产品的企业从人口规模较小的国家转移到了人口规模较大的国家，以利用人口规模较大国家的规模效应来平摊高昂的研发投入成本。

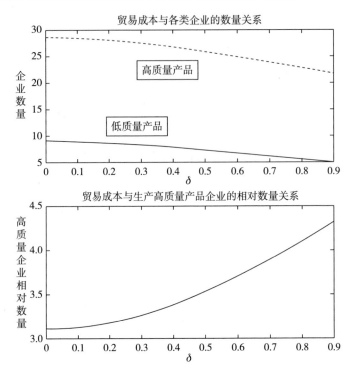

图3-2 两国规模对称情形下的贸易自由化对企业数量的影响

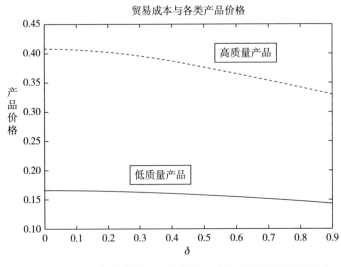

图3-3 两国规模对称情形下的贸易自由化对产品价格的影响

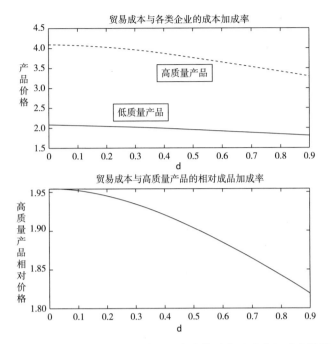

图3-4　两国规模对称情形下的贸易自由化对产品成本加成率的影响

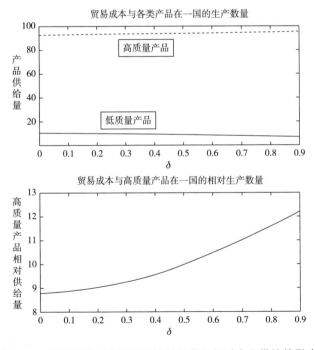

图3-5　两国规模对称情形下的贸易自由化对企业供给的影响

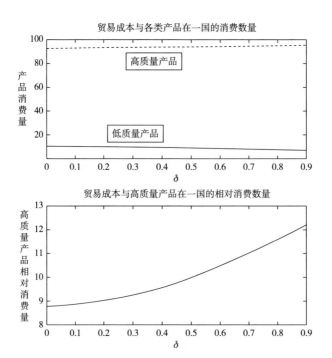

图 3-6　两国规模对称情形下的贸易自由化对市场需求的影响

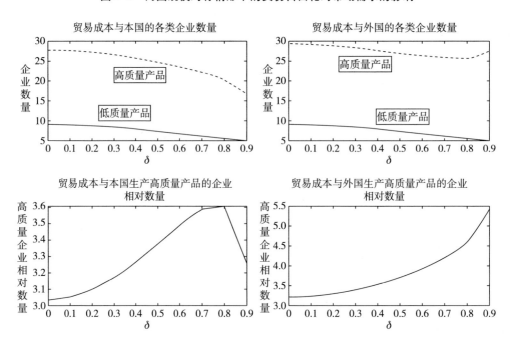

图 3-7　两国规模非对称情形下的贸易自由化对企业数量的影响

图 3-8 显示了贸易自由化对每个国家每种产品价格的影响。虽然两个国家市场中的产品价格都因贸易自由化而下降了，但较大国家市场中的两种产品的价格始终低于规模较小的国家。这种现象是由于两国之间始终存在贸易成本造成的，即使贸易自由化已经消除了大部分关税等贸易壁垒，但天然的地理距离与文化距离等会始终阻碍产品的跨国流通。图 3-9 显示，随着贸易自由化的深入，企业的成本加成率和高质量产品的相对成本加成率都出现了下降。图 3-10 报告了位于每个国家的各类型企业对高、低质量产品的供应总量的变化。值得注意的是，当贸易成本下降时，大国所生产的高质量产品的供应量会增加，而小国生产的高质量产品的供给量则会减少。如前文所述，产生这种现象的原因是生产高质量产品的企业从小国转移到了大国。图 3-11 报告了每个国家消费者对每种产品的需求变化。随着贸易自由化程度的加深，高质量产品与低质量产品的相对需求上升。从长期均衡来看，每个企业赚取的利润为零。因此，每个国家的福利水平仅取决于消费者所面对的两种产品的价格 P_H 和 P_L。由于产品的价格在贸易自由化过程中下降了，因此，两国的消费者福利得以提升。而产品价格的下降不仅源自于贸易成本下降带来的成本节约效应，更是因为贸易自由化使得企业规模扩大，从而平摊了固定研发成本，降低了生产高质量产品的单位成本。

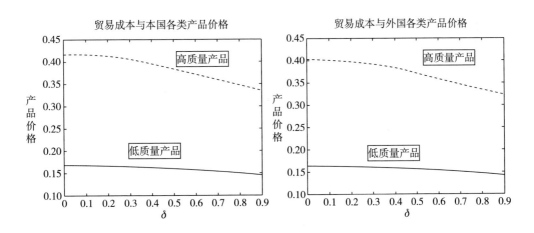

图 3-8 两国规模非对称情形下的贸易自由化对产品价格的影响

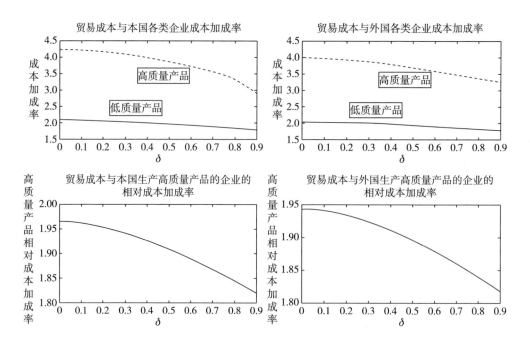

图 3-9　两国规模非对称情形下的贸易自由化对产品成本加成率的影响

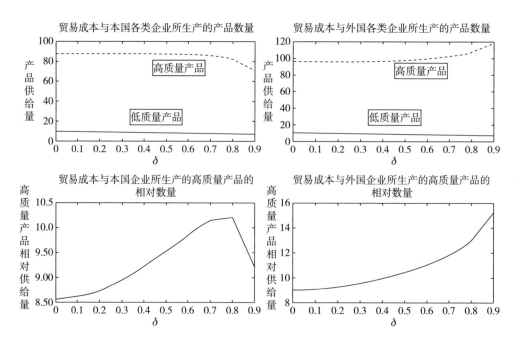

图 3-10　两国规模非对称情形下的贸易自由化对企业供给的影响

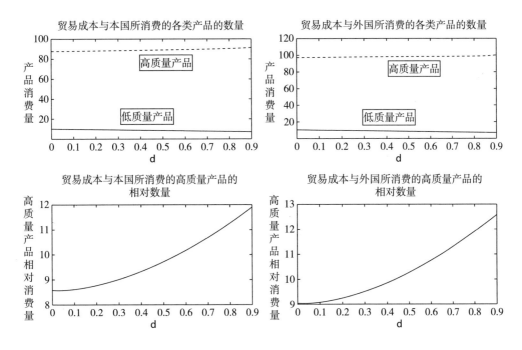

图 3-11　两国规模非对称情形下的贸易自由化对市场需求的影响

本章小结

　　本章研究了在企业自由进入与退出市场条件下，垂直差异化产品市场均衡的特征以及市场规模扩大与贸易自由化对市场均衡的冲击，揭示了不同成本结构下的产品价格、质量以及成本加成率的变化。企业在市场中进行两阶段博弈：在博弈的第一阶段，企业进行固定研发投入以决定其能否生产高质量产品。一般而言，高质量产品的研发投入要高于低质量产品的研发投入。在博弈的第二阶段，每个企业根据第一阶段所进行的技术准备与市场环境，来决定生产哪种质量水平的产品以及生产多少该产品。

　　本章的研究表明，如果低质量产品的单位质量所平摊的固定成本低于高质量产品，企业则会专注于生产高质量产品。在该成本结构下，市场规模的扩大会导致专门从事高质量产品的企业比例增加，高质量产品的市场份额增加，两种类型产品的价格和成本加成率降低，以及高质量产品与低质量产品之间的成本加成率差距降低。

除了以上所述的成本结构，本章还考虑了另一种成本结构，即质量的提高不依赖于固定投入的增长，而是取决于边际成本的提高。在这种成本结构下，笔者发现所有的企业都将同时生产两种质量水平的产品，并且市场规模的扩大不会导致高、低质量产品的相对供给量的变化。

基于该垂直差异化竞争模型，笔者还拓展性地研究了贸易自由化对市场均衡带来的影响。研究发现，贸易自由化所带来的贸易成本的降低与市场规模扩大具有类似的效果：两种类型产品的价格和成本加成率都降低了，而高质量产品的市场份额增加了。

本章的研究是对现有相关文献的有益拓展。首先，笔者详细探讨了不同成本结构下的市场长期均衡特征。其次，笔者进一步研究了市场规模扩大对市场均衡条件下产品价格、质量以及成本加成率的影响，特别是尚未有其他文献研究这种寡头垄断下的市场。本章的理论预测与相关实证发现以及典型事实基本相符，为相关实证发现提供了坚实的理论解释。最后，本章的研究为贸易自由化的福利影响分析增添了新的贸易所得——贸易自由化大幅降低了高质量产品的生产成本，使得消费者能以更便宜的价格获得高质量产品。

第四章　消费者收入不平等与
贸易产品质量[①]

第一节　引言

在上一章中，笔者研究了消费市场规模的扩大对产品质量的影响。总体来说，以人口增长或贸易自由化等方式的市场规模扩大，都会提升市场中产品的平均质量水平。在本章中，笔者将继续探讨居民收入分布的变化对产品质量的影响。首先，笔者将构建一个基于产品垂直差异化竞争的理论模型来对相关变量关系进行分析与预测。其次，笔者将使用中国 2000~2006 年的企业出口数据来对本章的理论预测进行检验。

本章的实证研究发现，在发达国家市场，消费者收入越不平等，进口中国产品的规模越大，且进口产品的平均价格越低。而在发展中国家市场，该规律则不显著。笔者对此现象的解释是，收入不平等指数越高的国家，低收入群体的规模越大，且低收入群体平均收入越低。中国在 2000~2006 年所出口的产品与其他

① Duan S., Y. Li, Z. Miao, 2022. Income inequality and trade of 'Made in China' [J]. The Journal of International Trade and Economic Development, 31 (4)：614-645.

国家产品相比价格较低。根据第三章的论证，低收入消费者对价格比较敏感。因此，发达国家的低收入群体在比较本国生产的价格较高的产品与价格较低的中国商品之后，会选择购买中国产品。而在发展中国家，低收入群体所面对的本国生产的产品价格与中国产品的价格差距不大。因此，在发展中国家市场没有出现以上所述的收入不平等与市场需求之间的影响关系。

本章的研究表明，中国出口的产品降低了发达国家低收入者的生活成本，并让低收入群体获得了更多的差异化产品，提高了该群体的效用水平，有利于出口目的地国家整体福利水平的提升。

本章的模型设定与 Flach 和 Janeba（2017）以及 Fajgelbaum 等（2011）类似。该模型预测，出口目的地国家的收入不平等水平越高，中国向该国出口的产品价格越低，但同时出口额与进入该国市场的出口企业数量越多。该影响机制依赖于发达国家与发展中国家在产品质量梯度上的生产专门化特征息息相关。Fajgelbaum 等（2011）指出，在贸易自由化程度加深过程中，发展中国家会越来越倾向于生产和出口质量较低的产品，而发达国家则会越来越倾向于生产和出口高质量产品[1]。与此同时，发达国家的低收入群体更加偏向于购买价格较低的低质量产品。因此，当收入不平等程度加深时，发达国家会因低收入群体规模扩大而增加对发展中国家所提供的低质量产品的需求。

综上所述，本章的模型有三个关于贸易特点的预测。第一，随着目的地国家收入不平等程度的加深，会有更多的中国企业进入该国市场。第二，收入不平等程度加深会促使进口国购买更多的中国产品。第三，收入不平等程度更大的市场所进口的中国产品的平均价格更低。这几条理论预测均与 Linder 假说相一致——低收入群体规模的扩大会扩大低质量产品的需求。以上结论中的进口国一般指的是平均收入较高的发达国家。而在平均收入较低的发展中国家，以上规律可能不成立。比如，在平均收入非常低的国家，可能该国的中等收入群体的平均收入水平才刚刚达到发达国家低收入群体的平均收入水平。因此在该国，消费中国产品

---

[1] 相关的实证证据参见 Dingel（2017）、Fontagné 等（2007）、Hallak 和 Schott（2011）、Khandelwal（2010）、Schott（2008）以及 Xu（2010）。

的主要群体可能是中高收入者与部分低收入者，覆盖范围非常广。因此，贫富差距的扩大可能不会明显改变该国对中国产品的消费规模。本章的实证分析证实了这些理论预测。

第二节 理论模型

一、模型基本设定

在本节中，笔者将参照 Flach 和 Janeba（2017）建立一个理论框架，并根据该模型分析进口国收入不平等程度与该国进口特征之间的关系。笔者假设消费者的偏好是非位次的——随着消费者收入水平的提高，他们所购买的产品质量就越高（Francois 和 Kaplan，1996；Fajgelbaum 等，2011；Frankel 和 Gould，2001；Gabszewicz 和 Thisse，1979；Hallak，2006，2010；Hallak 和 Schott，2011；Jappelli 和 Pistaferri，2010；Krueger 和 Perri，2006；Kugler 和 Verhoogen，2011）。本章理论模型的一项重要推论是关于发达国家和发展中国家之间在产品质量层面的生产专门化。正如 Fajgelbaum 等（2011）、Dingel（2017）、Fontagné 等（2007）、Schott（2008）以及 Xu（2010）论证的那样，在国际贸易中，低收入国家通常专注于生产和出口低质量产品，而高收入国家则专注于生产和出口高质量产品。在本章的样本期间，中国企业所生产的产品质量水平还不高，其产品的主要消费群体为低收入者（Fontagné 等，2007；Hallak 和 Schott，2011；Schott，2008；Xu，2010），特别是在发达国家市场尤其如此。根据 Hallak 和 Schott（2011）的测算，2003 年中国产品的平均质量水平在 43 个国家和地区中排名第 37 位[①]。当进口国家因为收入不平等加剧而出现更多低收入消费者时，中国企业将获得更多的客

[①] Gnangnon（2020）还发现，收入水平越低的发展中国家出口的产品多样性越差。

户。这将使更多的中国企业能够进入该市场，但与此同时，中国产品价格则会因为同质企业的增多所导致的竞争加剧而被压低。

虽然本章的模型主要借鉴 Flach 和 Janeba（2017），但与他们的模型的不同点在于市场的分割方面。本章的模型假设中国产品的消费群体为低收入者，而 Flach 和 Janeba（2017）的研究使用的是巴西的出口数据，他们假设巴西的出口产品同时被高收入与低收入消费者购买。产生这种区别的主要原因在于，本章的模型假设目的地国家也生产差异化产品。如果目的地国家为发达国家，则中国的产品只能占领该国的低收入消费者群体市场，而高收入消费群体主要消费其本国所生产的高质量产品（Fontagné 等，2007；Hallak 和 Schott，2011；Schott，2008；Xu，2010）。另外，Flach 和 Janeba（2017）使用巴西出口数据发现目的地国家收入不平等程度与出口价格之间呈正相关关系。笔者使用中国出口数据发现了负相关关系。但这一发现与 Flach 和 Janeba（2017）的发现并不矛盾。因为 Flach 和 Janeba（2017）所发现的正相关关系只存在于中等收入国家样本中。这些国家中的高收入群体可能会大量消费发展中国家所提供的商品。而笔者所发现的负相关关系只存在于发达国家样本中。在这些国家中，消费中国产品的群体以低收入者为主。因为消费群体的不同，所以收入分布发生变化所造成的影响不一样。本章的研究从理论上厘清了文献中产生这种不一致结果的原因。本章的理论预测也与其他文献的实证研究相一致，比如 Ciani（2021）、Liu 和 Luo（2020）。Ciani（2021）使用罗马尼亚出口数据发现了收入不平等程度与出口价格之间的负相关关系。与此同时，Liu 和 Luo（2020）使用西班牙出口企业数据，发现了两者之间的正相关关系。根据本章的理论分析，产生这种不同结果的主要原因是出口国所生产的产品质量水平不同。不同质量水平的产品被不同收入水平的消费者所购买，因而造成了收入分布变化对产品价格的影响不同。

在每个市场中，一个典型的消费者从消费生活必需品和差异化商品中获得效用。每个消费者只能购买一单位质量水平为 z 的差异化商品，同时消费数量为 c 单位的生活必需品。所有的生活必需品没有质量差异。笔者将生活必需品的质量水平标准化为 1。对于收入水平为 y 的 j 国消费者，其效用函数为：

$$U_y(c,\ z)=c(1+z) \tag{4-1}$$

预算约束为：

$$c+p(z)\leqslant y \tag{4-2}$$

其中，生活必需品的价格被标准化为 1，而 $p(z)$ 是质量为 z 的差异化商品的价格。为简单起见，笔者假设该价格是质量水平 z 的线性函数：

$$p(z)=\gamma z \tag{4-3}$$

其中，$\gamma>0$。

根据 Flach 和 Janeba（2017）的设定，部分低收入消费者不会购买差异化的商品，只购买生活必需品。与 Flach 和 Janeba（2017）的设定不同，笔者假设所有消费者都会购买差异化的商品，并且差异化商品的来源有两个——进口商品（包括中国商品）与本国商品。不同国家所生产的产品质量水平不同。来自中国或其他发展中国家的产品质量水平相对较低，且这些国家生产的产品的质量水平的取值范围低于某个上限值。而发达国家的企业具有技术优势，其所生产的产品质量水平较高，质量水平的取值范围高于某个下限值。为方便分析，笔者假定发展中国家产品质量水平的上限值恰好为发达国家产品质量水平的下限值。在不失去普遍性的前提下简化本章的分析，笔者假设产品之间不存在质量以外的差异，即来自不同国家的产品如果具有相同的质量水平便可以完全地相互替代。按照此设置，无论产品来自何处，具有相同质量水平的产品在同一市场具有相同的价格水平。每个消费者在根据产品价格决定了所要消费的产品质量水平之后，他们会根据一个已知的产品分布函数随机选择产品的来源国。因此，不同产地的产品在每个质量梯度上的市场份额是一个固定值。按照以上设定，中国产品将在质量区间 $[0,\ z_l]$（z_l 为质量区间上限）上占据一个固定的市场份额，在每个市场所有低质量产品中占据恒定的数量比例。笔者将该市场份额表示为 $\bar{S}_{cj}$（j 表示国家）。一个典型的消费者会选择购买一单位发达国家所生产的高质量产品，或者购买一单位发展中国家所生产的低质量产品，而剩余的预算用于购买生活必需品。该消费者的选择取决于他的收入水平。假设该国的消费者收入服从一个已知 $y\sim G_j(y)$，该分布的密度函数为 $g_j(y)$，定义域为 $[y_{min},\ +\infty)$。根据以上设定，消

费者 i 所选择的产品质量水平为：

$$z_i^* = \frac{y_i - \gamma}{2\gamma} \qquad (4-4)$$

笔者标记选择质量水平 z_I 的消费者的收入水平为 y_I。该消费者所购买的生活必需品的数量为：

$$c_I^* = \gamma(1 + z_I) \qquad (4-5)$$

该消费者的收入水平为：

$$y_I = \gamma(2z_I + 1) \qquad (4-6)$$

根据式（4-4），质量选择与消费者的收入水平呈正相关。收入高于 y_I 的消费者将购买质量水平高于 z_I 的发达国家生产的产品，而收入低于 y_I 的消费者将购买发展中国家（包括中国）生产的质量低于 z_I 的产品。据此，我们可以计算该市场中的中国产品的平均价格为：

$$\bar{p}_{cj} = \int_{y_{\min}}^{y_I} \left(\frac{y - \gamma}{2} \right) \frac{g_j(y)}{G_j(y_I)} dy \qquad (4-7)$$

而高质量产品的平均价格为：

$$\bar{p}_{cj} = \int_{y_I}^{+\infty} \left(\frac{y - \gamma}{2} \right) \frac{g_j(y)}{1 - G_j(y_I)} dy \qquad (4-8)$$

笔者定义该国的平均收入水平为 $\bar{y}_j$，简单计算可得其表达式为：

$$\bar{y}_j = 2\gamma \left[G_j(y_I) \bar{p}_{cj} + (1 - G_j(y_I)) \bar{p}_j + 1 \right] \qquad (4-9)$$

该国的中国产品的市场份额为：

$$M_{cj} = \bar{S}_{cj} G_j(y_I) \qquad (4-10)$$

该国市场中高质量产品的市场份额为：

$$M_j = 1 - G_j(y_I) \qquad (4-11)$$

笔者定义国家 j 的基尼系数为 λ_j。接下来，笔者将证明，如果收入不平等导致低收入消费者的比例升高，那么低质量的产品将占据更多的市场份额，即 $\dfrac{\partial M_{cj}}{\partial \lambda_j} > 0$。笔者将使用两种特定的收入分布函数来检查这种变动关系——均匀分布和帕累托分布。

二、收入分布为均匀分布形式

在本节中，笔者将论证消费者收入分布变化对消费产品的价格与质量的影响。首先，笔者以均匀分布形式为例进行论证；其次，以更为接近现实情况的帕累托分布进行论证。笔者假设国家 j 的消费者的收入分布（CDF）符合以下定义域为 $[y_{\min}, y_{\max}]$ 的函数形式 $y \sim U_j(y) = \dfrac{y - y_{\min}}{2(\bar{y}_j - y_{\min})}$。根据该设定，笔者可以计算出中国产品在国家 j 的市场占有率为 $M_{cj} = \bar{S}_{cj} U_j(y_I) = \dfrac{\bar{S}_{cjt}(y_I - y_{\min})}{2(\bar{y}_j - y_{\min})}$，其中 $y_{\min} < y_I < y_{\max}$。根据均匀分布的性质，当收入不平等程度加剧时，$y_{\min}$ 将下降。根据以上变化，当条件 $y_{\min} < y_I < y_{\max}$ 与条件 $\dfrac{y_I - \bar{y}_j}{\bar{y}_j - y_{\min}} > 0$ 成立时，笔者可以得到以下关系：$\dfrac{\partial M_{cj}}{\partial \lambda_j} > 0$。该条件对于人均收入水平较高的发达国家比较容易满足，即 $\bar{y}_j$ 的值比较高。

换句话说，当目的地国家市场的平均收入超过一定的阈值，该国收入不平等程度加深将促使进口更多的中国产品。此外，因为该国进口中国产品的平均价格为 $\bar{p}_{cj} = \int_{y_{\min}}^{y_I} \left(\dfrac{y - \gamma}{2} \right) \dfrac{u_j(y)}{U_j(y_I)} dy = \dfrac{1}{4}(y_I + y_{\min}) - \dfrac{1}{2}$，所以我们可以得到该平均价格对 λ_j 求一阶偏导的符号为负 $\dfrac{\partial \bar{p}_{cj}}{\partial \lambda_j} < 0$。该偏导结果说明，收入不平等程度加深会降低进口的中国产品的平均价格。由于笔者假设产品质量和价格之间存在正相关关系，因此较低的平均价格也意味着市场需求的平均质量也较低。因此，在不平等程度更高的市场中，中国企业的进入数量将增加[①]。值得注意的是，上面所讨论的相关性依赖于平均收入足够高这一条件。如果目的地国家的平均收入水平较低，这一结果将如何变化呢？在这种情况下，目的地国家的所有消费者都可能会

---

① 收入不平等越高的市场，进入门槛可能越低。企业异质性的重要性首先被 Melitz（2003）所强调。而异质性企业在产品质量水平上的自选择行为也被很多文献所研究，如 Kugler 和 Verhoogen（2011）、Huff 等（1996）以及 Crinò 和 Epifani（2012）。如果市场对产品质量水平的要求越低，则越有利于低生产效率的企业进入该市场。

购买低质量的产品。因此，中国产品的市场份额以及中国产品的平均价格都将独立于目的地国家的不平等水平。在该国，中国产品的市场份额与平均价格计算式分别为 $M_{cj}=\overline{S}_{cj}$ 和 $\overline{p}_{cj}=\frac{1}{2}\overline{y}_j-\frac{1}{2}$，均不依赖于收入不平等程度。

三、收入分布为帕累托分布形式

在上一节，笔者使用均匀分布分析了收入不平等与贸易额、贸易品价格以及质量之间的关系。在本节，笔者将进一步使用更为贴合实际的分布函数形式来检验上一章的相关结论。笔者假设，消费者的收入 y 的分布函数为 $\Phi_j(y)=1-\left(\frac{y}{y_{\min}}\right)^{-k}$，其定义域为 $[y_{\min},+\infty)$。根据该分布函数，我们可以得到中国产品在该市场的市场份额为 $M_{cj}=\overline{S}_{cj}\left[1-\left(\frac{y_l}{y_{\min}}\right)^{-k}\right]$。

经过进一步计算，我们还可以得到该市场的平均收入水平为 $\overline{y}_j=\frac{ky_{\min}}{k-1}$，以及测量收入不平等程度的基尼系数为 $Gini_j=\frac{1}{2k-1}$。根据基尼系数的表达式，基尼系数变大等价于参数 k 变小。为了比较平均收入相同而收入不平等程度不同的国家之间的市场情况，在降低参数 k 的同时，笔者需要降低参数 $y_{\min}$ 的值。根据 Flach 和 Janeba（2017）的推导结果，收入水平高于 y_l 的消费者的平均收入为 $\widetilde{y}_j=\frac{ky_l}{k-1}$。这部分消费者主要购买的是发达国家所生产的高质量产品。很明显，当收入不平等程度加深时，k 的值变小，从而会使得 $\widetilde{y}_j$ 的值变大。在该国平均收入水平不变的情况下，收入水平低于 y_l 的消费者的平均收入会下降。这意味着购买中国产品的消费者群体的平均收入水平的下降。在上一节笔者已经证明，消费者所购买的产品的价格和质量与该消费者的收入水平呈正相关关系。因此，该市场所购买的中国产品的平均价格与平均质量也会下降。接下来，笔者将探究中国产品的市场份额的变化。根据 $\overline{y}_j=\frac{ky_{\min}}{k-1}$，我们可以得到 $y_{\min}=\left(\frac{k-1}{k}\right)\overline{y}_j$。将该式代入市场份额公式可得 $M_{cj} = \bar{S}_{cj}\left[1 - \left(\dfrac{y_I}{y_{\min}}\right)^{-k}\right] = \bar{S}_{cj}\left\{1 - \left[\dfrac{y_I}{y_j}\left(\dfrac{k}{k-1}\right)\right]^{-k}\right\}$。根据该公式

易得 $\dfrac{\partial M_{cj}}{\partial k} < 0$。因此，收入不平等程度的加深（$k$ 值变小）会提高中国产品的市场

份额。

接下来，笔者将以上讨论结果总结为以下两个理论预测。在下一节，笔者将对这两个理论预测做实证验证。

预测 1：当一个出口目的地国家的人均收入水平足够高时，该国的收入不平等程度越大，则该国所进口的中国产品的平均价格越低。

预测 2：当一个出口目的地国家的人均收入水平足够高时，该国的收入不平等程度越大，则该国所进口的中国产品的规模越大。

需要注意的是，以上的理论预测依赖一个关键的前提条件，那就是该行业产品的质量梯度足够大，产品之间在质量水平上具有明显差异。如果某种产品的质量梯度很短，产品之间没有明显质量差异（比如粮食等生活必需品），产品之间的市场分割则不会明显。因此，以上的理论预测可能对质量梯度较短的行业并不适用。

第三节　实证目标与数据

一、实证模型

在本节中，笔者将利用中国的出口数据来检验上节的理论预测。首先，笔者将介绍估计方法与主要变量的构造方法。其次，笔者将报告估计结果，并根据结果做相关讨论。在第一个估计模型中，笔者将国家-产品-年份层面的出口变量（如出口价格、价格离散度、出口额和企业数量）回归到目的地国家的基尼系

数上。

$$y_{jht} = \alpha Gini_{jt} + X'_{jt}\beta + \delta_{ht} + \varepsilon_{jht} \qquad (4-12)$$

其中，j 表示目的地国家；h 表示产品类别（HS8 代码）；t 表示年份；y_{jht} 表示产品-国家-年份层面的出口价格、价格离散度、出口额或企业数量；$Gini_{jt}$ 是核心解释变量——每个国家在每年的基尼系数；X_{jt} 为一组控制变量，控制了目的地国家的其他国家特征（如 GDP、人均 GDP）、与中国的距离以及市场竞争强度；δ_{ht} 为产品-年份层面的虚拟变量，控制了产品-年份层面的固定效应。回归中的误差项在国家一级进行聚类。根据理论预测，收入不平等程度与出口额、价格分散或企业数量之间存在正相关关系，与出口价格之间存在负相关关系[①]。

除了产品-国家-年份层面，笔者还对企业-产品-国家-年份层面的贸易特征进行了研究，比如该层面的出口额与出口价格。模型设定如下：

$$y_{ijht} = \alpha Gini_{jt} + X'_{jt}\beta + \delta_{ht} + \varepsilon_{ijht} \qquad (4-13)$$

其中，i 表示企业；j 表示目的地国家；h 表示产品类别（HS8 代码）；t 表示年份；y_{ijht} 表示企业-产品-国家-年份层面的出口价格或出口额；$Gini_{jt}$ 是核心解释变量——每个国家在每年的基尼系数；X_{jt} 为一组控制变量，控制了目的地国家的其他国家特征（如 GDP、人均 GDP）、与中国的距离以及市场竞争强度；δ_{ht} 为产品-年份层面的虚拟变量，控制了产品-年份层面的固定效应。回归中的误差项在国家一级进行聚类。与之前的回归相同，笔者发现收入不平等程度与出口额之间存在正相关关系，与出口价格之间存在负相关关系。

二、数据来源

本章的实证回归使用了五个数据集，包括中国企业-交易层面的出口数据、收入不平等指数（基尼系数，Gini coefficient）、国家宏观经济数据、国家地理数据和双边贸易价值数据。中国企业-交易层面的出口数据的获取来源为中国海关

[①] 由于没有适当的质量指数来确定产品在不同市场之间的质量差异，因此笔者只使用出口价格来表示产品的质量。Khandelwal（2010）、Amiti 和 Khandelwal（2013）提出的质量评估方法只能识别每个行业-国家层面内部的产品质量差异。

总署数据库（2002~2006 年）。该数据集包含了每家企业每年向每个目的地国家（地区）所出口的每种产品（以 HS8 代码区分）的出口价值和出口数量。本章的研究选取了 2002~2006 年的数据样本。选择该样本年份有两个原因：第一，联合国在 2002 年和 2007 年两次修订了 HS 行业分类代码。由于本章的估计依赖于出口价格和价值的产品层面的指标，因此，笔者需要一个始终一致的行业分类代码，以避免样本估计的误差。在 2002~2006 年，HS 行业分类代码保持不变。第二，中国于 2001 年加入世界贸易组织。在该年度，出口企业广泛调整了出口策略。为了消除该政策冲击对实证研究的影响，笔者排除了 2002 年之前的样本。国家层面的宏观数据来自世界银行数据库，包括每个国家的国内生产总值（GDP）和人均国内生产总值（GDP per capita）。基尼系数的数据来源于 UNU-WIDER 的世界收入不平等数据库（UNU-WIDER World Income Inequality Database）。中国与其贸易伙伴国之间的距离数据是从 CEPII 网站收集的。另外，笔者还从联合国商品贸易统计数据库（UN Comtrade database）收集了 2002~2006 年每个产品-国家层面的双边贸易额数据。

表 4-1 描述了中国海关数据库和国家宏观数据中的各关键变量的统计量。表 A1 和表 A2 分别展示了发达国家和发展中国家分样本的相关统计量（见附录）。$Price_{ijht}$ 表示企业-产品-国家-年份层面的出口价格（单位为美元）；$Price_{jht}$ 表示产品-国家-年份层面的出口价格（单位为美元）；$Value_{ijht}$ 表示企业-产品-国家-年份层面的出口价值（单位为美元）；$Value_{jht}$ 表示产品-国家-年份层面的出口价值（单位为美元）；$Firm\_num_{jht}$ 表示进入国家 j 的中国企业中提供产品 h 的企业数量；$Gini_{jt}$ 表示国家 j 在年份 t 的基尼系数；GDP_{jt} 表示国家 j 在年份 t 的国内生产总值；GDP_pc_{jt} 表示国家 j 在年份 t 的人均国内生产总值；$Distance_j$ 表示中国与其贸易伙伴国 j 之间的直线地理距离。此处的出口价格是根据出口值和出口数量计算的每单位产品的价值（Value per unit）。国家-产品层面的出口价格是按出口数量加权的各企业平均价格。需要注意的是，距离变量测量的是中国人口最多的城市与目的地国家人口最多城市之间的直线距离。国内生产总值、人均国内生产总值、距离、出口额、出口价格和企业数量等变量在回归中都取了自然对数。

在我们的主要回归中，共有 120 个国家（地区）样本，其中 37 个是发达国家（地区），83 个是发展中国家（地区）。产品–国家–年份层面的样本数量为 1558318 个。企业–产品–国家–年份层面的样本数量为 23070415 个。

表 4-1　总样本变量的统计性描述

变量	平均值	标准差	最小值	最大值	样本量
$Price_{ijht}$	1106. 19	122637. 8	0	9.50×10^7	23070415
$Price_{jht}$	8123. 339	387849. 4	0. 00007	9.50×10^7	1558318
$Value_{ijht}$	133534. 4	122637. 8	0	3.19×10^9	23119987
$Value_{jht}$	104372. 2	2783029	0	1.93×10^9	1563606
$Firm\_num_{jht}$	13. 540	62. 391	1	7852	1563606
Exp_share_{jht}	0. 0004	0. 004	2.15×10^{-11}	0. 806	853318
Mkt_share_{jht}	0. 0008	0. 009	1.31×10^{-13}	1	1049782
$Open_{jt}$	0. 00002	0. 001	0. 001	1. 289	931867
$Sigma_{jht}$	7. 406	15. 261	1. 077	131. 501	1556796
$Gini_{jt}$	0. 394	0. 101	0. 162	0. 72	268
GDP_{jt}	2.52×10^{12}	5.59×10^{12}	2.88×10^7	1.69×10^{13}	893
GDP_pc_{jt}	16450. 1	19323. 84	579. 138	118585. 2	893
$Distance_j$	9148. 36	3845. 15	809. 53	19297. 47	208

除了上述关键变量外，笔者还仿照 Flach 和 Janeba（2017）的做法，在回归中逐一添加了另外四种控制市场竞争强度的变量，包括进口国 j 出口的产品 h 占该国总出口额的比重，用 Exp_share_{jht} 表示；出口到国家 j 的产品 h 占中国企业出口到该国总出口额的份额，用 Mkt_share_{jht} 表示；进入国家 j 的中国企业数量用 $Firm\_num_{jht}$ 表示；国家 j 和对产品 h 的进口需求弹性，用 $Sigma_{jht}$ 表示。进口需求弹性指数的数据来源为 Broda 等（2006）的估算。除了以上控制变量外，笔者尝试用控制进口国的开放程度（$Open_{jt}$）来控制进口国的市场竞争程度。开放程度指标的计算方法是进口国对某产品的进口总值（不包括来自中国的进口产品）除以该国的 GDP。

第四节 回归结果

在本节中，笔者将报告收入不平等与中国产品出口特征之间的回归结果，包括收入不平等对出口产品的价格、出口额、出口企业数量以及出口价格离散程度等的影响。

一、收入不平等对出口价格的影响

本章的第一个理论预测是关于出口价格如何受目的地国家收入不平等影响的。理论分析显示，在收入不平等程度越高的市场，中国出口的差异化产品的价格越低。造成这种结果的主要原因是收入不平等加剧会导致购买中国差异化产品的消费者群体的平均收入下降，而同质化产品（生活必需品）的价格与收入不平等之间则没有这种负向关系。本章的估计结果证明了这一预测（见表4-2和表4-3）[①]。

表4-2 差异化产品出口价格与收入不平等之间的关系

	因变量：国家-行业层面出口价格自然对数				
	差异化产品样本				
	(1)	(2)	(3)	(4)	(5)
$Gini_{jt}$	-0.584***	-0.425**	-0.517***	-0.527***	-0.582***
	(0.162)	(0.166)	(0.164)	(0.169)	(0.161)
$\ln(firm\_num_{jht})$		-0.442***			
		(0.012)			
Mkt_share_{jht}			9.167***		
			(1.487)		

---

① 笔者按照 Rauch（1999）的方法将货物分类为差异化商品与同质化商品。

续表

因变量：国家-行业层面出口价格自然对数					
差异化产品样本					
	（1）	（2）	（3）	（4）	（5）
Exp_share_{jht}				1.101* （0.615）	
$sigma_{jht}$					-0.004 （0.004）
样本量	290777	290777	208016	187335	289967
修正 R 值	0.872	0.865	0.895	0.893	0.865
国家-年份层面控制变量	是	是	是	是	是
产品-年份层面固定效应	是	是	是	是	是

注：显著度水平为***表示$p<0.01$、**表示$p<0.05$、*表示$p<0.1$，下表同。

表4-3　同质化产品出口价格与收入不平等之间的关系

因变量：国家-行业层面出口价格自然对数					
同质化产品样本					
	（1）	（2）	（3）	（4）	（5）
$Gini_{jt}$	-0.325* （0.191）	-0.109 （0.184）	-0.288 （0.231）	-0.313 （0.229）	-0.324* （0.191）
$\ln(firm\_num_{jht})$		-0.069*** （0.017）			
Mkt_share_{jht}			-0.483 （1.125）		
Exp_share_{jht}				-0.355 （9.613）	
$sigma_{jht}$					-0.042 （0.068）
样本量	8170	8170	5091	4136	8170
修正 R 值	0.529	0.531	0.623	0.616	0.529
国家-年份层面控制变量	是	是	是	是	是
产品-年份层面固定效应	是	是	是	是	是

表4-2报告了回归模型（4-12）的结果，即收入不平等程度（以各目的地的基尼系数来衡量）对中国出口的差异化产品价格的影响。在表4-2第（2）~

（5）列，笔者分别纳入了不同的控制变量来控制目的地市场的竞争强度，它们分别是企业数量、中国产品在目的地国家（地区）的市场份额、目的地国家（地区）出口某产品的份额以及目的地国家的进口需求弹性。

根据表 4-2 的结果，收入不平等与出口价格之间有着显著的负相关关系。较高的基尼系数导致了中国出口的差异化产品平均价格的降低。表 4-3 报告了同质化产品价格的相关回归结果。回归结果显示，同质化商品的价格不随收入不平等程度的变化而变化。另外，笔者还根据回归模型（4-13），在企业-产品-年份层面对该问题做了重复研究。模型（4-13）的回归结果与模型（4-12）一致，即差异化产品的出口价格随收入不平等程度加深而下降，而同质化商品的出口价格则不随收入不平等程度的变化而变化（见表 4-4 和表 4-5）。

表 4-4 差异化产品出口价格与收入不平等之间的关系

因变量：企业-国家-行业层面出口价格自然对数

差异化产品样本

	(1)	(2)	(3)	(4)	(5)
$Gini_{jt}$	-0.151^{***}	-0.092^{*}	-0.152^{***}	-0.152^{***}	-0.151^{***}
	(0.052)	(0.054)	(0.053)	(0.054)	(0.052)
$\ln(firm\_num_{jht})$		-0.011^{***}			
		(0.003)			
Mkt_share_{jht}			0.258		
			(0.345)		
Exp_share_{jht}				-0.074	
				(0.162)	
$sigma_{jht}$					-0.001
					(0.0009)
样本量	3482543	3482543	3359649	3317131	3481092
修正 R 值	0.8980	0.8981	0.8966	0.8949	0.8981
国家-年份层面控制变量	是	是	是	是	是
企业-产品-年份层面固定效应	是	是	是	是	是

表4-5 同质化产品出口价格与收入不平等之间的关系

因变量：企业-国家-行业层面出口价格自然对数

同质化产品样本

	(1)	(2)	(3)	(4)	(5)
$Gini_{jt}$	-0.119	0.046	-0.123	-0.116	-0.119
	(0.149)	(0.132)	(0.157)	(0.169)	(0.149)
$\ln(firm\_num_{jht})$		-0.037*			
		(0.007)			
Mkt_share_{jht}			0.531		
			(1.264)		
Exp_share_{jht}				-1.645	
				(5.519)	
$sigma_{jht}$					0.003**
					(0.001)
样本量	37327	37327	34775	33273	37327
修正R值	0.6932	0.6940	0.6772	0.6687	0.6931
国家-年份层面控制变量	是	是	是	是	是
企业-产品-年份层面固定效应	是	是	是	是	是

二、收入不平等对出口规模的影响

本章的理论分析预测收入不平等程度越高的国家（地区）进口中国产品的进口额越多，且进入该市场的中国出口企业数量也越多。为了检验该预测，笔者根据回归模型（4-12）和模型（4-13），将出口额与出口企业数量回归到了目的地国家基尼系数上。表4-6和表4-7报告了国家-行业层面的相关回归结果。表4-8显示了国家-行业层面的回归结果。这些结果显示，基尼系数指数与出口规模之间存在正相关关系。表4-6的结果表明，收入不平等水平更高的国家会吸引更多的中国企业进入该国市场。而根据表4-7和表4-8显示的结果，收入不平等程度的加深也会导致进口国需求更多的中国产品，导致中国产品的出口额上升。

表 4-6 出口企业数量与收入不平等之间的关系

因变量：国家-行业层面出口企业数量自然对数				
差异化产品样本				
	(1)	(2)	(3)	(4)
$Gini_{jt}$	3.602***	3.740***	4.023***	3.604***
	(1.079)	(1.204)	(1.336)	(1.079)
Mkt_share_{jht}		2.915*		
		(1.734)		
Exp_share_{jht}			−0.837	
			(1.625)	
$sigma_{jht}$				0.012***
				(0.004)
样本量	291162	208016	187335	290342
修正 R 值	0.448	0.469	0.446	0.448
国家-年份层面控制变量	是	是	是	是
产品-年份层面固定效应	是	是	是	是

表 4-7 出口额与收入不平等之间的关系

因变量：国家-行业层面出口额自然对数				
差异化产品样本				
	(1)	(2)	(3)	(4)
$Gini_{jt}$	6.808***	6.762***	7.239***	6.814***
	(2.039)	(2.197)	(2.427)	(2.039)
Mkt_share_{jht}		37.010***		
		(6.293)		
Exp_share_{jht}			0.413	
			(2.531)	
$sigma_{jht}$				0.037***
				(0.009)
样本量	291162	208016	187335	290342
修正 R 值	0.3372	0.3434	0.3252	0.3370
国家-年份层面控制变量	是	是	是	是
产品-年份层面固定效应	是	是	是	是

表4-8 出口额与收入不平等之间的关系

因变量：企业-国家-行业层面出口额自然对数				
差异化产品样本				
	（1）	（2）	（3）	（4）
$Gini_{jt}$	3.585***	3.637***	3.687***	3.585***
	（1.327）	（1.328）	（1.330）	（1.327）
Mkt_share_{jht}		25.929***		
		（4.435）		
Exp_share_{jht}			0.481	
			（2.262）	
$sigma_{jht}$				−0.035***
				（0.008）
样本量	3489760	3366069	3323491	3488288
修正R值	0.3953	0.3908	0.3895	0.3950
国家-年份层面控制变量	是	是	是	是
企业-产品-年份层面固定效应	是	是	是	是

三、收入不平等对出口价格离散度的影响

非位次消费者偏好模型预测了消费者收入与其所购买的产品质量之间的正相关关系。一个收入较高的消费者愿意以较高的价格购买高质量的产品。因此，笔者预计在收入不平等程度更深的市场中会出现更高的价格离散度（产品-国家-年份层面的价格标准差）。为了检验这一预测，笔者首先需要计算产品-国家-年份层面的企业之间出口价格的标准差，即 $psd_{jht}=$ s. d. ($price_{ijht}$)。表4-9所报告的回归结果证实了本章的理论预测。相关结果显示收入不平等水平与出口价格的标准差之间存在正相关关系。

表4-9 出口价格离散度与收入不平等之间的关系

因变量：国家-行业层面出口价格标准差					
差异化产品样本					
	（1）	（2）	（3）	（4）	（5）
$Gini_{jt}$	2.473***	0.812***	2.449***	2.524***	2.481***
	（0.816）	（0.290）	（0.813）	（0.873）	（0.816）

续表

	因变量：国家-行业层面出口价格标准差				
	差异化产品样本				
	(1)	(2)	(3)	(4)	(5)
$\ln(firm\_num_{jht})$		0.500*** (0.014)			
Mkt_share_{jht}			−7.393*** (2.138)		
Exp_share_{jht}				−0.873 (1.034)	
$sigma_{jht}$					0.0111 (0.006)
样本量	211195	211195	175422	164253	210728
修正 R 值	0.3586	0.4304	0.4059	0.4059	0.3592
国家-年份层面控制变量	是	是	是	是	是
产品-年份层面固定效应	是	是	是	是	是

四、不同质量梯度的产品

本章的理论预测依赖于发达国家和发展中国家之间在产品质量上的生产专业化。在产品质量梯度较长的行业中，产品之间的质量差距较为明显，收入不平等的影响将更加显著。而在质量梯度较短的行业，产品之间的质量差距不大，收入不平等的影响将不明显。为了证实这一推论，笔者比较了收入不平等对不同质量梯度的行业的影响。在这里，质量梯度被定义为行业中质量最高的产品与质量最低的产品的质量比，该指数由 Khandelwal（2010）提出。根据笔者计算所得到的指数，差异化商品的质量梯度范围为 1.4~2.6。在这里，笔者将质量梯度等于或大于 2（取值范围的中间值）的行业定义为长质量梯度行业，而质量梯度小于 2 的行业定义为短质量梯度行业。笔者分别用长质量梯度产品子样本和短质量梯度产品子样本来估计收入不平等对出口价格的影响。

表 4-10 报告了相关的估计结果。第（1）列和第（2）列分别报告了企业-产品-国家层面的短质量梯度与长质量梯度行业的估计结果。产品-国家层面的

估计结果由第（3）列和第（4）列报告。根据这些结果，笔者发现短质量梯度样本的估计系数和显著度都较小，这表明收入不平等对短质量梯度行业的影响不太明显。

表 4-10 出口价格与收入不平等：质量梯度的交叉影响

	因变量：出口价格自然对数			
	企业-产品-国家层面		产品-国家层面	
	（1）短质量梯度（<2）	（2）长质量梯度（≥2）	（3）短质量梯度（<2）	（4）长质量梯度（≥2）
$Gini_{jt}$	-0.125* (0.065)	-0.151*** (0.054)	-0.126 (0.143)	-0.648*** (0.169)
样本量	558125	2831434	35012	255765
修正 R 值	0.8331	0.9060	0.8026	0.8675
国家-年份层面控制变量	是	是	是	是
产品-年份层面固定效应	是	是	是	是

该结果的另一个特征是，产品-国家层面的估计系数比企业-产品-国家层面的估计系数的绝对值更大。该特征表明，企业-产品层面的价格调整是在企业内部完成的，而产品层面的价格调整不单单包括企业内部的价格调整，而且还包括企业之间的价格调整。比如，定价较高的企业会因收入不平等程度加深而退出市场。

五、出口目的地国家（地区）的收入水平

根据本章的理论预测，出口目的地国家（地区）收入不平等与中国产品出口价格或出口额之间的影响关系仅适用于发达国家市场，而在发展中国家市场中这些影响关系并不明显。

为了验证这一预测，笔者根据出口目的地国家的收入水平分了三个子样本进行估计，分别为高收入国家（地区）、中等收入国家（地区）和低收入国家（地区）。分类标准按世界银行以收入水平对国家的分类划分为准。表 A3 和表 A4（见附录）分别报告了产品-国家层面和企业-产品-国家层面的估计结果。高收

入国家样本的估计结果显示，出口价格的系数显著为负，出口额的系数显著为负，而其他国家样本的相关系数并不显著。这些结果与本章理论预测一致。

本章小结

本章探讨了出口目的地国家（地区）的收入不平等如何影响中国企业的出口特征。自中国改革开放后的很长一段时间里，中国产品与发达国家甚至其他一些新兴国家的产品相比，在质量水平上处于相对劣势。中国自加入 WTO 以来，产品质量有了显著提升，但中国产品的价格水平和成本加成率仍然低于发达国家水平。如果消费者偏好表现对产品质量具有非齐次特征，那么高收入消费者就会偏向于购买高质量产品，而低收入消费者则会偏向于购买价格较低的低质量产品。因此，如果中国产品的质量水平低于发达国家产品，那么在发达国家市场中消费中国产品的消费群体会以中低收入者为主。而收入不平等程度越高，低收入消费者的比例就越高，这些低收入消费者的平均收入水平也越低。因此，一个不平等程度更高的国家将会以更低的价格进口更多的中国产品。

除了出口价格外，本章还探讨了其他一些出口特征与不同的收入不平等水平之间的关系。总结而言，本章有三个与理论预测相一致的主要实证发现：一是随着收入不平等水平的加剧，中国企业的出口价格下降；二是中国企业出口产品价格的离散度增加；三是收入不平等的影响在质量阶梯更长的行业中更为明显。

本章的研究是对市场收入不平等如何影响贸易模式相关文献的补充。Flach 和 Janeba（2017）发现了中等收入国家的收入不平等与出口价格之间存在正相关关系，而本章的研究探讨了发达国家的收入不平等与出口价格之间存在负相关关系。此外，本章还探索了更多的出口特征，如企业的出口额、出口价格离散度以及进入市场的企业数量，进一步补充了相关研究。

第五章　服务部门开放、质量比较优势与出口产品多样化[①]

第一节　引言

在本书的前两章，笔者探究了市场规模扩大、贸易成本降低以及消费者收入分布变化对贸易品质量与价格等的影响。解释这些影响机制都是基于非位次消费者偏好假说所进行的，即不同收入水平的消费者对产品质量的偏好不同。从本章开始，笔者将研究非位次消费者偏好在全球化的背景下对另一项重要的贸易产品指标——产品种类的多样化的影响。一般而言，人均收入更高或者贸易成本更低的市场对产品多样化的需求就越高。

产品种类多样化在一定程度上类似于产品质量的提升。首先，两种指标都可以在保持产品数量不变的条件下提升消费者效用水平。因此，两种指标的提高都可以提高产品的价格。消费者愿意牺牲产品的消费数量来换取产品质量与产品多样化的提升。其次，在非位次消费者偏好条件下，收入的提高会促使消费者更偏

---

① Bai Z., S. Meng, Z. Miao, Y. Zhang, 2023. Liberalization for services foreign direct investment and product mix adjustment: Evidence from Chinese exporting firms [J]. Review of International Economics, 31 (2): 363-388.

好于所消费产品的种类的提高，而对产品数量的偏好减弱。这与消费者对产品质量的偏好特征是非常类似的。我们可以将产品种类的扩大等价地看作产品质量的提高。本章的理论与实证研究将证明这一结论。

本章将探究服务行业投资开放（Services FDI liberalization）对货物产品贸易的影响，特别是对贸易品种类多样化的影响。笔者的研究重点将聚焦出口目的地国家的服务行业投资开放的影响。实证研究显示，如果服务行业开放降低了产品的贸易成本，这会使出口目的地国家的消费者增强对产品多样化的需求，从而促使出口企业增加产品种类的数量，并降低出口额在核心产品上的集中度。为了解释服务行业自由化对贸易品多样化的影响机制，笔者构建了一个非位次消费者偏好模型对实证结论进行理论分析，并揭示了产品种类多样化与产品质量之间的联动关系与相似性质。

服务行业的产品作为投入品被广泛用于制造业企业的生产与贸易环节。[①] 服务行业贸易与投资自由化对货物贸易的促进作用已经被很多学者所注意到。目前，已有相当数量的文献开始研究服务行业自由化对制造行业生产与贸易的影响。但研究贸易影响的文献大多以产品出口国的服务行业开放为研究重点，尚没有文献对进口国服务行业开放的影响做出研究。另外，关于服务行业自由化对贸易产品多样化的影响也存在研究空间，而产品的多样化对于企业而言是一项关乎利润与发展的重要生产策略（Lopresti，2016；Mayer 等，2021）。本章将在以上两个层面丰富相关文献的研究，探究服务行业投资自由化，特别是出口目的地国家服务行业自由化对企业出口产品多样化的影响。

本章的研究将使用两个数据集：一个数据集是 2010～2016 年的中国海关记录的出口交易数据；另一个数据集是各国在不同行业的对外直接投资限制指数（FDI regulatory restrictiveness index）。本章的研究重点将放在各进口国的服务行业对外投资的限制放松对中国出口产品的价值、出口产品种类数量、出口

---

① 大量文献将服务行业产品看作是制造业的重要投入品。有些文献聚焦于服务产品在制造业的生产环节上的作用（Arnold 等，2011，2016；Beverelli 等，2017；Hoekman 和 Shepherd，2017）。而有些文献研究了其在制造业产品贸易中的作用（Bas，2014；Francois 和 Hoekman，2010；Hoekman 和 Shepherd，2017；Ariu 等，2020；Díaz-Mora 等，2018；Lee，2019；Hayakawa 等，2020）。

额在产品间的离散度以及出口额在核心产品上的偏向度。本章的实证结果揭示了以下服务行业开放对企业出口多样化策略的影响。第一，进口国服务行业对外资限制的放松促进了中国企业的出口额与出口产品的多样化，主要表现在出口产品的种类增加、出口额在产品之间的分布更为均匀以及出口额在核心产品上的偏向度下降。第二，服务行业开放对产品出口的这种促进作用仅仅在发展中国家样本中被发现，而在发达国家样本中这种关系并不明显。第三，如果进口国的制度环境更好或者与其他国家的贸易关系更密切，服务行业开放所产生的效果就越明显。

为了厘清实证结果背后的影响机制，笔者在 Melitz 和 Ottaviano（2008）以及 Mayer 等（2014）模型的基础上构造了一个多产品企业竞争模型。根据本章的理论分析，服务行业投资自由化会降低出口企业所使用的服务产品的价格并提高服务效率，比如运输、融资、通信等。服务价格的降低与效率的提升势必会促进企业的出口，扩大企业的出口规模与出口产品的多样化。而这种对出口的促进作用对出口量较少的边缘产品效果更为显著，对核心产品出口的促进作用有限。因而，我们会观察到出口额在企业的各产品之间的分布会变得更加均匀。不同于现有的理论研究所发现的单纯的正向促进作用（Bas，2014；Konan 和 Maskus，2006），本章的理论分析发现服务行业开放在多数国家和行业对货物贸易具有促进作用，而在某些国家和行业则有着抑制作用。这种现象不难解释，目的地国家的服务行业开放不仅有利于出口企业贸易成本的下降，也有利于目的地国家本土企业生产与销售成本的下降。如果目的地国家本土企业因服务行业开放而大幅提高了生产率，外国的出口企业便很难与该国本土企业进行竞争，从而导致贸易的下降。

在接下来的内容中，笔者将首先进行实证分析，得到服务行业开放与货物贸易之间影响关系的一个完整图景；其次根据实证结果，利用多产品企业竞争模型对影响机制进行分析与论证；最后根据研究结果有针对性地提出相关政策建议。

第二节　实证分析

一、数据介绍

本章的实证研究使用了三类数据：第一类数据来自 2010～2016 年的中国海关交易数据库，该数据库记录了每个出口企业的交易信息、企业名称、注册号码、产品分类（HS8 位码）、出口目的地国家、出口类型以及出口额。第二类数据是对外直接投资限制指数（FDI regulatory restrictiveness index），该指数是由经济合作与发展组织（OECD）所构建，目的是衡量各国（地区）在各领域对外投资的限制程度。第三类数据是中国的地区级别的投入产出表（2012），笔者使用该表计算了各行业中服务产品的使用密度。

笔者将原始数据做以下四步处理：第一步，将 2012 年版本的 HS 行业代码转换为 2007 年版本的。第二步，根据每个出口企业的海关注册码，识别每个企业所在的省份。该注册码共 10 位，前两位代码为该企业所在省份代码。第三步，根据每个企业在四位 HS 代码上出口最多的产品作为该企业所在行业代码，再将企业的行业代码转换为国际标准产业分类代码（ISIC Rev. 3），以便于将海关出口交易数据与中国的投入产出表以及对外直接投资限制指数进行合并。第四步，保留了观察期内一直存续的企业样本，以排除企业进入与退出对于出口混合策略的影响（Bernard 等，2010）。

接下来，本章将具体介绍两个核心变量——出口产品多样化与对外直接投资限制指数的构建方法。对外直接投资限制指数由 OECD 所构建，它衡量了各国在各行业对外投资的开放程度。① 根据《2019 世界贸易报告》，服务贸易分

---

① FDI 限制指数可以通过网站 https：//www.oecd.org/investment/fdiindex.htm 获得。

类中的商业出现与对外直接投资密切相关，而跨国公司成为服务贸易领域的主要参与者。① 借鉴 Hayakawa 等（2020）的做法，笔者将使用对外直接投资限制指数来度量服务行业的开放程度。该项指数由四个维度的限制程度来度量——外资所有权比重的限制、用工筛选与许可、主要管理者规则以及其他一些限制外资企业活动的规定。FDI 限制指数的取值范围为 0～1，指数越大代表限制程度越高。该指数覆盖了 84 个国家和地区、14 个年份（1997 年、2003 年、2006 年以及 2010～2020 年）的八大服务行业，包括分销、交通运输、旅宿、传媒、通信、金融服务、商务服务以及房地产。根据图 5-1，国家和地区之间服务行业的开放程度差别很大。如果将样本分为 OECD 国家和非 OECD 国家（见图 5-2 和图 5-3），即使在各类别国家内部，FDI 限制指数的差别依然非常明显。总体而言，非 OECD 国家的服务行业开放程度低于 OECD 国家的开放程度。

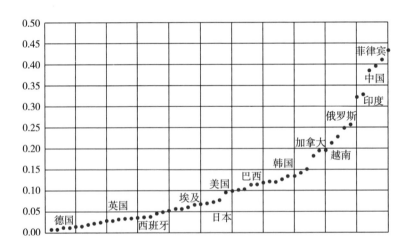

图 5-1　2017 年相关国家（地区）服务部门 FDI 开放指数

---

① 世界贸易报告可由链接 https：//www.wto.org/english/res_e/publications_e/wtr19_e.htm 获得。

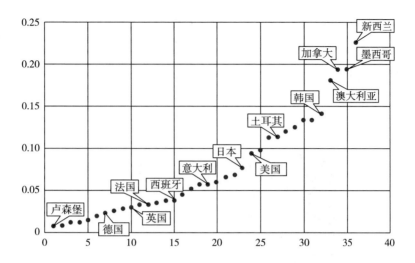

图 5-2　2017 年 OECD 国家（地区）的 FDI 投资限制指数

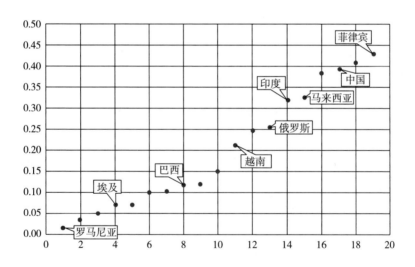

图 5-3　2017 年非 OECD 国家（地区）的 FDI 投资限制指数

国家 j 的服务行业开放指数 DSL_FDI_{jt} 根据式（5-1）所构建。它是由 1 减去 FDI 限制指数而得到的。服务行业开放指数的数值越大，代表该国对外资限制程度越低。

$$DSL\_FDI_{jt} = 1 - FDI\ regulartory\ restrictiveness\ index_{jt} \qquad (5-1)$$

图 5-4 显示了出口目的地国家（地区）服务行业开放程度与中国企业出口产品种类的正向关系。该图表明，服务业越开放的国家，对中国的进口需求越旺盛，进口的产品种类越丰富。

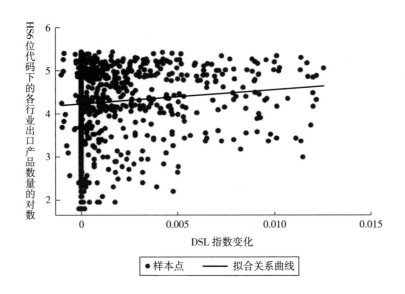

图 5-4　服务部门 FDI 开放与出口多样化指数

接下来，本章将介绍另一个重要变量的构建方法——出口多样化指数。本章的研究主要使用了三种指数来衡量企业出口的多样化程度。第一种指数是产品的出口口径，它是每个企业出口到某国（地区）的产品种类数量的总和。其中，产品种类由 HS6 位代码区分（Iacovone 和 Javorcik，2010；Mayer 等，2014）。出口口径的值越大，代表出口多样性越高。

第二种指数是 Entropy 指数。该指数由 Baldwin 和 Gu（2009）以及 Bernard 等（2011）所构建。指数的具体结构由式（5-2）表示：

$$div_{fjt} = 1 - \sum_i \left(\frac{v_{fijt}}{\sum_i v_{fijt}} \right) \ln \left(\frac{v_{fijt}}{\sum_i v_{fijt}} \right) \tag{5-2}$$

其中，div_{fjt} 代表企业 f 在年份 t 向国家 j 的出口额在不同产品间的离散度；

v_{fijt} 代表该企业的产品 i 的出口额。在其他条件相同的情况下，该指数越大代表该企业向该国的出口额离散度越低，出口的多样化程度越高。该指数最大的优点是，它不仅衡量了产品种类的总体扩大程度，而且显示了每种产品出口份额的变化。

第三种指数是核心出口产品的偏向度。该指数由 Mayer 等（2014）以及 Chatterjee 等（2013）所构建。该指数的定义是某企业出口到某国（地区）的出口额最大的产品的出口额比出口额排第二的产品的出口额。该指数的具体结构如式（5-3）所示。

$$skew_{fjt} \equiv \frac{v_{fjt}^{m=1}}{v_{fjt}^{m=2}} \tag{5-3}$$

二、实证模型设定

在本部分，笔者将呈现实证研究目标与模型。实证研究的主要目的是探究服务行业 FDI 自由化对出口多样化的影响，并根据目的地国家（地区）与企业特征做一系列异质性影响研究。实证模型的基本设定如下：

$$EX_{fhjt} = \beta_0 + \beta_1 DSL\_FDI_{jt} + \beta_2 Destination\_Controls_{hjt} + \delta_{ft} + e_j + \varepsilon_{fhjt} \tag{5-4}$$

其中，f 代表企业，h 代表行业（产品），j 代表目的地国家（地区），t 代表年份；EX 代表测度企业出口多样化的因变量，包括出口额、出口口径、出口多样化指数（Entropy 指数）以及出口偏度。核心自变量为目的地国家（地区）服务行业 FDI 开放指数（DSL_FDI）。模型同时控制了国家层面的固定效应（e_j）与国家-年份层面控制变量（$Destination\_Controls$），包括目的地国家（地区）关税（des_tariff）[1]、制造业 FDI 自由化指数（des_manuf_lib）以及人均 GDP（des_gdp）。另外，笔者还控制了企业-年份固定效应（δ_{ft}）以及省份-年份与行业-年份的控制变量。标准误聚类在国家-年份层面。附录中的表 A5 描述了主要变量的统计量。

---

[1]　该指数为最惠国待遇关税平均值。数据链接为 https：//www.wto.org/english/tratop_e/tariffs_e/idb_e.htm。

三、主要实证结果

表5-1报告了实证模型（5-4）的估计结果。在控制了企业-年份与国家固定效应之后，估计结果显示目的地国家（地区）服务行业FDI自由化会促进货物贸易价值的增长［见表5-1的第（1）列］。另外，服务行业FDI自由化同时也扩大了贸易产品的多样化，具体表现为出口产品种类增多、出口多样化指数（Entropy指数）上升以及出口额偏度下降［见表5-1的第（2）~（4）列］。具体而言，自由化指数每上升0.1个单位，出口额会增加7.44%，出口产品种类增加3.38%，出口多样化指数提高1.82%以及出口偏度降低1.96%。

表5-1　服务部门FDI开放与出口多样化：基准回归结果

变量	(1) export value	(2) scope	(3) div	(4) skew
DSL_FDI	0.744** (0.366)	0.338*** (0.121)	0.182** (0.071)	−0.196* (0.111)
des_tariff	−0.020 (0.028)	−0.009 (0.010)	−0.008 (0.006)	0.001 (0.007)
des_manuf_lib	0.212*** (0.078)	0.214*** (0.076)	0.118** (0.059)	0.022 (0.030)
des_gdp	0.793*** (0.195)	0.252*** (0.059)	0.127*** (0.031)	−0.070 (0.043)
Constant	6.395*** (1.379)	−0.802* (0.411)	0.674*** (0.217)	2.623*** (0.404)
国家固定效应	是	是	是	是
企业-年份固定效应	是	是	是	是
样本量	2286067	2286067	2286067	1534942
修正R值	0.481	0.669	0.681	0.489

注：export value 是企业出口值的对数。scope 是基于6位HS代码的出口产品数量的对数。div 是衡量产品多样性的 Entropy 指数。skew 是出口偏度的对数，其定义为最大出口产品与第二大出口产品的价值比率。DSL_FDI 为服务行业 FDI 开放程度指标。des_tariff 是目的地国家（地区）关税的自然对数。des_manuf_lib 衡量出口目的地国家（地区）制造业的 FDI 开放程度。des_gdp 是目的地国家（地区）人均 GDP 的自然对数。所有回归都控制了企业-年份和国家固定效应。标准误聚类到了国家-年份层面。显著度水平为 *** 表示 $p<0.01$、** 表示 $p<0.05$、* 表示 $p<0.1$。

四、稳健性检验

在本部分，笔者将探究中国各省份服务业 FDI 开放的影响。为了保留省份-年份层面的变量，笔者将企业-年份固定效应变为仅仅控制企业固定效应。为了保证回归的准确性，笔者增加了以下控制变量：中国国内的贸易政策、其他模式的服务贸易规模、与贸易伙伴国签订的贸易协定与投资协定。另外，笔者还做了一系列稳健性检验。首先，笔者考察了企业对出口产品种类的调整，查看它们是如何通过增加新产品与退出旧产品而调整出口产品数量的。其次，笔者使用了另外的方法来衡量服务行业 FDI 自由化。最后，笔者还根据企业不同的贸易方式做了分样本回归。

（一）增加中国国内政策的相关控制变量

中国国内的服务行业开放对中国制造业的出口起到了积极的推动作用（Bas，2014；Francois 和 Hoekman，2010；Hoekman 和 Shepherd，2017；Ariu 等，2019）。在本部分的数据观测年份，中国在很多服务行业开放了对外国投资的限制。在基准回归中，由于控制了企业-年份固定效应，因此中国国内的服务行业相关政策无法被识别评价。为了考察国内相关政策的影响，笔者将基准回归中的企业-年份固定效应改为了企业固定效应，同时控制了一系列其他可能影响回归准确性的控制变量（见表 5-2）。笔者借鉴 Arnold 等（2011）和张艳等（2013）的做法构建了一个省份-年份层面的服务行业 FDI 开放指数来测度中国国内的服务行业开放程度［详见式（5-5）］。

$$CSL\_FDI_{hrt} = \sum_s \alpha_{lsr}(1 - FDIres_{st}) \tag{5-5}$$

其中，α_{lsr} 是 r 省的制造业部门 h 从服务业部门 s 所使用的投入品比重。$FDIres_{st}$ 是服务业部分 s 在 t 年的投资限制指数。CSL_FDI_{hrt} 为 r 省的制造业部门 h 所受到服务业加权开放冲击指数，该指数越大代表服务业开放程度越高。在本部分的回归中，笔者增加了包括中国国内省份级别的服务行业开放指数在内的一系列国内政策变量，并构建了回归模型（5-6）。

$$EX_{fhrjt} = \beta_0 + \beta_1 DSL\_FDI_{jt} + \beta_2 DestinationControls_{hjt} + \beta_3 ChinaControls_{hrt} + \delta_f + e_t + u_j + \varepsilon_{fhrjt}$$

$$(5-6)$$

其中，f 代表企业，h 代表制造业领域某行业（或某种产品），r 代表省份，j 代表目的地国家（地区），t 代表年份。

表 5-2　稳健性检验：控制中国国内的贸易政策

变量	(1) export value	(2) scope	(3) div	(4) skew
DSL_FDI	0.626 *	0.332 ***	0.185 ***	−0.241 **
	(0.347)	(0.104)	(0.066)	(0.112)
CSL_FDI	0.139 ***	0.014	0.039 **	−0.151 ***
	(0.051)	(0.024)	(0.019)	(0.053)
des_tariff	−0.008	−0.005	−0.006 *	0.012
	(0.020)	(0.006)	(0.004)	(0.008)
des_manuf_lib	0.208 ***	0.210 ***	0.116 **	0.007
	(0.077)	(0.074)	(0.056)	(0.032)
des_gdp	0.742 ***	0.274 ***	0.143 ***	−0.123 ***
	(0.149)	(0.041)	(0.022)	(0.046)
China_out_tarriff	−0.827	−1.249 ***	−0.837 ***	0.484 ***
	(0.615)	(0.479)	(0.304)	(0.183)
China_in_tariff	0.585	1.741 *	1.142 *	−0.522
	(1.474)	(0.996)	(0.588)	(0.434)
China_manuf_lib	0.646	−0.295	−0.294	0.198
	(0.606)	(0.330)	(0.193)	(0.187)
province_gdp	0.102	0.010	0.009	−0.066
	(0.083)	(0.042)	(0.024)	(0.053)
industry_output	0.199 ***	0.114 ***	0.054 ***	−0.091 ***
	(0.035)	(0.021)	(0.016)	(0.021)
Constant	1.539	−4.222 ***	−1.223	4.880 ***
	(2.460)	(1.349)	(0.792)	(0.955)
年份固定效应	是	是	是	是
企业固定效应	是	是	是	是
国家固定效应	是	是	是	是

续表

变量	(1) export value	(2) scope	(3) div	(4) skew
样本量	2557604	2557604	2557604	1773528
修正 R 值	0.466	0.641	0.657	0.423

注: *export value* 是企业出口值的对数。*scope* 是基于 6 位 HS 代码的出口产品数量的对数。*div* 是衡量产品多样性的 Entropy 指数。*skew* 是出口偏度的对数,其定义为最大出口产品与第二大出口产品的价值比率。*DSL_FDI* 为服务行业 FDI 开放程度指标。*des_tariff* 是目的地国家(地区)关税的自然对数。*des_manuf_lib* 为衡量出口目的地国家(地区)制造业的 FDI 开放程度。*des_gdp* 是目的地国家(地区)人均 GDP 的自然对数。*CSL_FDI* 衡量了中国每个省份的服务业 FDI 开放程度。*China_out_tarriff* 和 *China_in_tarriff* 分别为中国产品关税和投入品关税的对数。*China_manuf_lib* 衡量了中国制造业的 FDI 开放程度。*province_gdp* 为每个省的 GDP 的自然对数。*industry_output* 是每个行业产值的自然对数。所有回归都控制了企业-年份和国家固定效应。标准误聚类到了国家-年份层面。显著度水平为 *** 表示 p<0.01、** 表示 p<0.05、* 表示 p<0.1。

笔者控制的国内政策除了服务行业开放指数,还包括制造业本身的开放程度、产品进口关税、中间品进口关税、省份 GDP 以及行业产出。回归结果显示,除了出口产品口径以外,中国国内服务行业开放对几乎所有出口多样化指数都有提升作用。该结果说明中国国内的服务行业 FDI 开放同样提高了中国出口产品的多样化水平。

(二) 控制服务业贸易变量

服务业贸易的基本形式有外资商业出现(对外资投资限制降低)、服务产品跨境流动、居民跨境消费以及人员跨境流动四种。本章的主要研究对象是第一种服务贸易形式。不同形式的服务贸易之间可能存在交叉影响。服务行业 FDI 开放有可能会通过影响其他形式的服务贸易而间接地影响制造业贸易(Nordås 和 Rouzet,2016;Fillat-Castejón 等,2009;Buch 和 Lipponer,2004;Lennon,2009;Francois 和 Hoekman,2010;Konan 和 Maskus,2006;Kelle 等,2013)。因此,为了保证结果的稳健性,笔者增加了其他服务贸易形式的相关控制变量。这些变量数据来源于 Trade in Services by Mode of Supply 数据库(TiSMoS 数据库),数据结构为国家-年份的服务贸易额度。表 5-3 报告了相关回归结果。该结果显示,服务行业 FDI 自由化依旧对出口产品的总额与出口多样化有着显著的促进作用。

表5-3 稳健性检验：增加其他类型服务贸易控制变量

变量	(1) export value	(2) scope	(3) div	(4) skew
DSL_FDI	0.516 **	0.297 ***	0.176 ***	−0.245 **
	(0.246)	(0.083)	(0.052)	(0.110)
des_tariff	0.020	0.002	−0.003	−0.001
	(0.022)	(0.009)	(0.005)	(0.008)
des_manuf_lib	0.229 ***	0.219 ***	0.121 **	0.022
	(0.079)	(0.076)	(0.059)	(0.030)
des_gdp	0.334 *	0.141 ***	0.081 ***	−0.075 *
	(0.174)	(0.054)	(0.028)	(0.041)
ST_mode1	0.535 ***	0.116 ***	0.041 ***	0.023
	(0.088)	(0.026)	(0.013)	(0.027)
ST_mode2	0.282 ***	0.087 ***	0.048 ***	−0.045 ***
	(0.054)	(0.017)	(0.009)	(0.014)
ST_mode4	−0.106 **	−0.023	−0.010	0.010
	(0.046)	(0.014)	(0.009)	(0.014)
Constant	0.463	−2.521 ***	−0.148	2.833 ***
	(1.635)	(0.495)	(0.254)	(0.415)
国家固定效应	是	是	是	是
企业-年份固定效应	是	是	是	是
样本量	2286067	2286067	2286067	1534942
修正R值	0.482	0.669	0.681	0.489

注：export value 是企业出口值的对数。scope 是基于6位HS代码的出口产品数量的对数。div 是衡量产品多样性的 Entropy 指数。skew 是出口偏度的对数，其定义为最大出口产品与第二大出口产品的价值比率。DSL_FDI 为服务行业 FDI 开放程度指标。des_tariff 是目的地国家（地区）关税的自然对数。des_manuf_lib 为衡量出口目的地国家（地区）制造业的 FDI 开放程度。des_gdp 是目的地国家（地区）人均 GDP 的自然对数。ST_mode1、ST_mode2 和 ST_mode4 是基于 TiSMoS 数据库，使用出口目的地国家模式1、2和4的服务贸易价值对数来衡量的服务贸易额度。所有回归都控制了企业-年份和国家固定效应。标准误聚类到了国家-年份层面。显著度水平为 *** 表示 $p<0.01$、** 表示 $p<0.05$、* 表示 $p<0.1$。

（三）控制贸易协定和投资协定

为了控制中国与目的地国家（地区）可能存在的潜在特定关系，笔者在回归模型中增加了两个额外的控制变量，即中国与目的地国家（地区）之间的自由贸易协定（FTA）以及投资协定。在第一项回归中，笔者加入了自由贸易协定虚拟变量，该变量衡量了中国与目的地国家（地区）之间是否存在有效的自由贸易协定。如果双边存在自由贸易协定，该虚拟变量取值为1，反之，则取值为0。表5-4报告了控制自由贸易协定的回归结果。该结果与基准回归结果一致，即服务行业FDI自由化促进了出口多样化。在第二项回归中，笔者增加了投资协议虚拟变量。该变量衡量了中国与目的地国家之间是否存在有效的双边投资协议，双边投资协议签署后该变量取值为1，否则取值为0。控制投资协议的相关回归结果如表5-5所示，该结果与基准回归结果保持一致。相关的自由贸易协定与投资协定的详细内容可参见附录中的表A8和表A9。

表5-4　稳健性检验：控制自由贸易协定

变量	(1) export value	(2) scope	(3) div	(4) skew
DSL_FDI	0.744 **	0.338 ***	0.182 **	−0.196 *
	(0.366)	(0.121)	(0.071)	(0.111)
des_tariff	−0.020	−0.009	−0.008	0.001
	(0.028)	(0.010)	(0.006)	(0.007)
des_manuf_lib	0.212 ***	0.214 ***	0.118 **	0.022
	(0.078)	(0.076)	(0.059)	(0.030)
des_gdp	0.793 ***	0.252 ***	0.127 ***	−0.070
	(0.195)	(0.059)	(0.031)	(0.043)
trade_agreement	1.714 ***	0.561 ***	0.307 ***	−0.190
	(0.648)	(0.194)	(0.104)	(0.139)
Constant	4.680 **	−1.364 **	0.367	2.590 ***
	(2.023)	(0.603)	(0.320)	(0.435)
国家固定效应	是	是	是	是
企业-年份固定效应	是	是	是	是
样本量	2286067	2286067	2286067	1534942
修正R值	0.481	0.669	0.681	0.489

注：export value 是企业出口值的对数。scope 是基于6位HS代码的出口产品数量的对数。div 是衡量产品多样性的 Entropy 指数。skew 是出口偏度的对数，其定义为最大出口产品与第二大出口产品的价值比率。DSL_FDI 为服务行业FDI开放程度指标。des_tariff 是目的地国家（地区）关税的自然对数。des_manuf_lib 为衡量出口目的地国家（地区）制造业的FDI开放程度。des_gdp 是目的地国家（地区）人均GDP的自然对数。trade_agreement 为贸易协定虚拟变量，如果中国与该国（地区）签订了自由贸易协定，其值等于1。所有回归都控制了企业-年份和国家固定效应。标准误聚类到了国家-年份层面。显著度水平为 *** 表示 $p<0.01$、** 表示 $p<0.05$、* 表示 $p<0.1$。

表 5-5　稳健性检验：控制投资协定

变量	(1) export value	(2) scope	(3) div	(4) skew
DSL_FDI	0.744**	0.338***	0.182**	-0.196*
	(0.366)	(0.121)	(0.071)	(0.111)
des_tariff	-0.020	-0.009	-0.008	0.001
	(0.028)	(0.010)	(0.006)	(0.007)
des_manuf_lib	0.212***	0.214***	0.118**	0.022
	(0.078)	(0.076)	(0.059)	(0.030)
des_gdp	0.793***	0.252***	0.127***	-0.070
	(0.195)	(0.059)	(0.031)	(0.043)
investment_agreement	4.092***	1.154***	0.537***	-0.213
	(0.601)	(0.179)	(0.095)	(0.130)
Constant	2.303	-1.956***	0.137	2.614***
	(1.973)	(0.588)	(0.311)	(0.426)
国家固定效应	是	是	是	是
企业-年份固定效应	是	是	是	是
样本量	2286067	2286067	2286067	1534942
修正 R 值	0.481	0.669	0.681	0.489

注：export value 是企业出口值的对数。scope 是基于 6 位 HS 代码的出口产品数量的对数。div 是衡量产品多样性的 Entropy 指数。skew 是出口偏度的对数，其定义为最大出口产品与第二大出口产品的价值比率。DSL_FDI 为服务行业 FDI 开放程度指标。des_tariff 是目的地国家（地区）关税的自然对数。des_manuf_lib 为衡量出口目的地国家（地区）制造业的 FDI 开放程度。des_gdp 是目的地国家（地区）人均 GDP 的自然对数。investment_agreement 为双边投资协定虚拟变量，如果中国与该国（地区）签订了投资协定，其值等于 1。所有回归都控制了企业-年份和国家固定效应。标准误聚类到了国家-年份层面。显著度水平为 *** 表示 p<0.01、** 表示 p<0.05、* 表示 p<0.1。

（四）其他衡量服务业 FDI 自由化的指数

在本部分，笔者将使用服务贸易限制性指数（STRI）[①] 中外国直接投资进入限制这个子指标来衡量服务业 FDI 开放程度，以检查基准回归中的服务业 FDI 开放指数的稳健性。OECD 计算并报告了服务贸易限制性指数。该指数是一个复合性指标，它反映了对所有服务贸易方式的一个综合性限制水平，它包括外国直接投资和其他一些跨境服务贸易模式。该指数中的第一个子指标，即入境限制指

---

① STRI 是五个子指标的综合指数，包括：①进入限制；②人员流动限制；③其他歧视性措施；④竞争壁垒；⑤透明度监管。

数，与外国直接投资限制相关性最强。2014~2021 年，服务贸易限制性指数衡量了 48 个国家（地区）的 22 个行业对服务贸易的限制水平①，该指数取值范围为 0~1，数值越大限制程度越大。为了便于分析，笔者用 1 减 STRI 指数来构建一个衡量行业开放程度的新指标。这个衡量开放程度的新指标的取值范围依然为 0~1，数值越大表示开放程度越高。表 5-6 报告了相关的回归结果。结果显示，使用新的开放度指标得到的结果与本章的主回归结果保持一致。

表 5-6　稳健性检验：使用外资市场准入限制指数的回归

变量	(1) export value	(2) scope	(3) div	(4) skew
DSL_STRI_foreignentry	6.211***	1.871***	0.367***	-0.951*
	(2.262)	(0.657)	(0.131)	(0.515)
des_tariff	0.001	-0.003	-0.000	0.004
	(0.032)	(0.012)	(0.002)	(0.006)
des_manuf_lib	0.434***	0.460***	0.053**	-0.070
	(0.146)	(0.140)	(0.022)	(0.055)
des_gdp	1.184**	0.375***	0.067**	0.028
	(0.523)	(0.143)	(0.028)	(0.123)
Constant	-5.239	-4.373***	-0.717**	2.085*
	(5.912)	(1.569)	(0.300)	(1.147)
国家固定效应	是	是	是	是
企业-年份固定效应	是	是	是	是
样本量	884871	884871	884871	601155
修正 R 值	0.484	0.654	0.601	0.434

注：export value 是企业出口值的对数。scope 是基于 6 位 HS 代码的出口产品数量的对数。div 是衡量产品多样性的 Entropy 指数。skew 是出口偏度的对数，其定义为最大出口产品与第二大出口产品的价值比率。DSL_STRI_foreignentr 为服务行业对外资进入市场的限制指数。des_tariff 是目的地国家（地区）关税的自然对数。des_manuf_lib 为衡量出口目的地国家（地区）制造业的 FDI 开放程度。des_gdp 是目的地国家（地区）人均 GDP 的自然对数。所有回归都控制了企业-年份和国家固定效应。标准误聚类到了国家-年份层面。显著度水平为 *** 表示 p<0.01、** 表示 p<0.05、* 表示 p<0.1。

① 48 个国家和地区包括 38 个经合组织成员国以及巴西、中国、印度、印度尼西亚、哈萨克斯坦、马来西亚、秘鲁、俄罗斯、南非和泰国。22 个行业包括：计算机服务，建筑，专业服务（包括法律、会计、工程和建筑），电信，分销，视听服务（包括广播、电影、录音），运输（包括空运、海运、公路货运和铁路货运），快递，金融服务（包括商业银行、保险），物流服务（包括货物装卸、仓储、货运代理、海关经纪）。详情参阅 https：//qdd.oecd.org/subject.aspx? Subject=063bee63-475f-427c-8b50-c19bffa7392d。

（五）其他衡量产品多样化的指标

企业出口产品种类数量的调整一般是通过企业添加某些新产品和退市某些旧产品实现的。产品种类数量上的简单汇总无法反映出口组合的这种变化。例如，即使出口品种的数量保持不变，出口产品种类的组成也可能发生变化。因此，笔者接下来的研究将深入考察企业对出口产品组合的调整。我们参照 Bernard 等（2011）的研究，计算了企业-国家-年份层面的新产品增加数与旧产品减少数。

表 5-7 的第（1）列和第（2）列分别报告了产品种类添加和产品种类减少的回归结果。该结果表明，服务业 FDI 自由化促使企业更频繁地添加新产品，但对旧产品的退市影响并不显著。具体而言，服务业 FDI 自由化程度每增加 0.1 单位，出口的新产品种类增加 6.19%。这些结果表明，服务业 FDI 自由化对企业出口多样化的促进作用主要是通过诱导新产品进入市场来实现的。

表 5-7　稳健性检验：不同贸易模式的分样本回归

变量	（1） *add*	（2） *drop*	（3） *processing exporter scope*	（4） *ordinary exporter scope*
DSL_FDI	0.619 ***	0.064	0.449 ***	0.256 **
	(0.116)	(0.146)	(0.132)	(0.117)
des_tariff	−0.004	−0.008	−0.012	−0.006
	(0.009)	(0.010)	(0.016)	(0.009)
des_manuf_lib	0.215 ***	0.207 **	0.235 **	0.116 **
	(0.080)	(0.088)	(0.094)	(0.047)
des_gdp	0.046	0.425 ***	0.432 ***	0.136 **
	(0.069)	(0.065)	(0.065)	(0.056)
Constant	0.226	−2.174 ***	−3.276 ***	−0.498
	(0.492)	(0.444)	(0.629)	(0.533)
国家固定效应	是	是	是	是
企业-年份固定效应	是	是	是	是
样本量	946418	921638	883373	1402694
修正 R 值	0.57	0.574	0.689	0.642

注：*add* 是基于 6 位 HS 代码所计算的新出口产品的种类数量的自然对数。*drop* 是基于 6 位 HS 代码所计算的退出市场的产品的种类数量的自然对数。*DSL_FDI* 为服务行业 FDI 开放程度指标。*des_tariff* 是目的地国家（地区）关税的自然对数。*des_manuf_lib* 为衡量出口目的地国家（地区）制造业的 FDI 开放程度。*des_gdp* 是目的地国家（地区）人均 GDP 的自然对数。所有回归都控制了企业-年份和国家固定效应。标准误聚类到了国家-年份层面。显著度水平为 *** 表示 $p<0.01$、** 表示 $p<0.05$、* 表示 $p<0.1$。

（六）不同贸易模式的分样本回归

中国企业主要有两种类型的贸易模式——来料加工贸易和普通贸易，二者具有显著的不同特征（Manova 和 Yu，2016；Feng 等，2016）。因此，用区分贸易模式的分样本回归来检验主回归的稳健性是非常重要的。相关结果在表 5-7 的第（3）列与第（4）列中报告，这些结果显示出与主回归的结果保持一致。[①]

（七）目的地国家（地区）的制度环境

一个国家制度环境的好坏可能会影响到服务业自由化的效果。如果体制环境和国内条例不能充分支持实施自由化，服务业 FDI 自由化的效果可能不那么有效。为了研究这些市场与制度环境的潜在影响，笔者将在实证模型中增加服务业 FDI 自由化指数与目的地国家（地区）的制度环境指数的交互项。所谓的制度环境指的是政府工作效率、社会法治环境以及该国的腐败程度。该指标由世界银行的世界治理指数（WGI）所定义。表 5-8 第（1）~（3）列呈现了相关的回归结果。回归结果表明，更好的制度环境将通过提供更好的商业环境来推动服务业 FDI 自由化的实施。这一结果与 Beverelli 等（2017）的发现相似，与该文献不同的是，他们的研究侧重于企业生产率，而本部分的研究则扩展到出口产品的广延边际与集约边际的调整。[②]

表 5-8　异质性影响分析：目的地国家（地区）市场环境、企业所有制以及贸易类型的作用

变量	(1) scope	(2) scope	(3) scope	(4) scope	(5) scope
DSL_FDI×government effectiveness	0.046** (0.021)				
DSL_FDI×rule of law		0.070*** (0.026)			
DSL_FDI×control of corruption			0.037* (0.019)		

---

　①　笔者还进行了一些更深入的稳健性检查，如单独回归多产品出口公司的样本以及增加对公司生产率的控制。由于篇幅所限，这些结果分别列于附录的表 A10、表 A12、表 A13、表 A14。所有结果都与基准结果一致。

　②　这些指数的取值范围为-2.5~2.5，在本部分的回归中调整为 0~5。

变量	(1) scope	(2) scope	(3) scope	(4) scope	(5) scope
DSL_FDI×ownership				0.148*** (0.030)	
DSL_FDI×trade mode					0.282*** (0.046)
des_tariff	−0.005 (0.009)	−0.007 (0.009)	−0.006 (0.009)	−0.007 (0.009)	−0.008 (0.009)
des_manuf_lib	0.207*** (0.075)	0.210*** (0.076)	0.204*** (0.076)	0.186** (0.076)	0.226*** (0.075)
des_gdp	0.285*** (0.055)	0.251*** (0.059)	0.276*** (0.056)	0.302*** (0.055)	0.298*** (0.055)
Constant	−0.909** (0.399)	−0.691* (0.414)	−0.817** (0.403)	−0.984** (0.408)	−1.854*** (0.548)
国家固定效应	是	是	是	是	是
企业-年份固定效应	是	是	是	是	是
样本量	2286067	2286067	2286067	2286067	2286067
修正 R 值	0.669	0.669	0.669	0.669	0.669

注：government effectiveness 衡量一个国家（地区）政府的运行效率。rule of law 衡量一个国家（地区）的法治环境。control of corruption 衡量一个国家（地区）对腐败的控制水平。ownership 是企业所有权虚拟变量，如果该企业是外资公司，其取值为 1，否则为 0。trade mode 为贸易方式虚拟变量，对于从事出口加工的企业，取值为 1，对于仅从事普通出口的企业，取值为 0。scope 是基于 6 位 HS 代码的出口产品数量的对数。DSL_FDI 为服务行业 FDI 开放程度指标。des_tariff 是目的地国家（地区）关税的自然对数。des_manuf_lib 为衡量出口目的国家（地区）制造业的 FDI 开放程度。des_gdp 是目的地国家（地区）人均 GDP 的自然对数。所有回归都控制了企业-年份和国家固定效应。标准误聚类到了国家-年份层面。显著度水平为＊＊＊表示 p<0.01、＊＊表示 p<0.05、＊表示 p<0.1。

（八）企业所有权和贸易模式

除了制度环境，笔者还研究了企业所有权和贸易模式不同而带给服务业 FDI 自由化影响的异质性作用。笔者通过添加服务业 FDI 指数与公司所有权或交易模式的虚拟变量的交叉项来检验这种异质效应。对于外商投资企业，所有权虚拟变量的取值为 1，如果该企业为内资企业，则虚拟变量取值为 0。来料加工企业的贸易模式虚拟变量取值为 1，而普通出口企业的虚拟变量取值为 0。

相关结果在表 5-8 第 （4） 列和第 （5） 列中报告。笔者发现，服务业 FDI 自由化对外商投资企业和来料加工贸易模式企业的出口多样化的促进作用更为明显。对该结果可能的解释是，来料加工企业和外资企业与目的地国家（地区）市场有着密切的联系，它们一般由跨国公司操控生产和出口。因此，目的地国家（地区）服务行业自由化对这些企业的影响效果更加明显（Ishikawa 等，2010；Fernandes 和 Paunov，2012）。

（九）资本密集型行业与劳动密集型行业

中国在生产劳动密集型产品方面具有比较优势。与资本密集型产品相比，中国企业可能更容易增加新的劳动密集型产品。因此，服务业 FDI 自由化的影响效果在资本密集型和劳动密集型商品之间可能有所不同。为了验证这一推断，笔者在估计模型中增加了服务业 FDI 自由化指数与产品要素密集型指数的交叉项。每种产品的资本-劳动比为该行业总资产与从业人数的比率，相关数据获取自《中国工业经济统计年鉴（2010）》①。如果产品的资本-劳动力比率高于所有行业的平均值率，则该产品被定义为资本密集型商品。否则，该产品被定义为劳动密集型商品。

相关回归结果列于表 5-9 中。结果表明，服务业 FDI 自由化对资本密集型产品和劳动密集型产品的出口多样化促进作用有所差异。如第 （1） 列和第 （4）列所示，在不区分目的地国家（地区）发展水平的情况下，混合样本回归显示服务业 FDI 自由化对中国出口的资本密集型产品与劳动密集型产品的多样化都有显著的促进作用。而分样本回归显示，服务业 FDI 自由化对非经合组织国家（地区）市场进口的资本密集型和劳动密集型产品的多样化都有显著的促进作用［见表 5-9 第 （3） 列和第 （6） 列］，而对经合组织国家的资本密集型产品多样化有着显著的负向影响。中国在劳动密集型产业方面具有比较优势，服务业外国直接投资的自由化将促进中国企业在这些行业的出口多样性。然而，当自由化发生在发达国家时，由于发达国家市场的竞争强度非常大，而服务业 FDI 自由化又

---

① 农林畜牧渔业信息未列入《中国工业经济统计年鉴（2010）》，因此笔者单独将"农、林、畜牧、渔业"行业的观察结果放进样本，占全部样本的 4.28%。

通过提高发达国家本土企业的生产效率加深了市场竞争强度。这使得中国企业被迫从其比较优势较小的资本密集型产业中撤出。在下面的理论部分中，笔者将进一步解释这些实证发现背后的传导机制。[①]

表 5-9 异质性影响分析：资本密集型产品与劳动密集型产品

变量	（1）	（2）	（3）	（4）	（5）	（6）
	资本密集型产品			劳动密集型产品		
	全样本	OECD	非 OECD	全样本	OECD	非 OECD
	scope	scope	scope	scope	scope	scope
DSL_FDI	0.132*	−0.893*	0.164**	0.278**	0.429	0.345***
	(0.074)	(0.507)	(0.082)	(0.122)	(0.586)	(0.116)
des_tariff	−0.004	−0.002	−0.014	−0.005	−0.008	−0.027
	(0.008)	(0.015)	(0.022)	(0.011)	(0.012)	(0.039)
des_manuf_lib	0.030	1.865***	0.000	0.034	0.991***	0.050
	(0.096)	(0.439)	(0.100)	(0.034)	(0.271)	(0.038)
des_gdp	0.090**	0.176	0.192***	0.252***	0.226***	0.400***
	(0.041)	(0.114)	(0.062)	(0.059)	(0.080)	(0.091)
Constant	−0.167	−0.161	−0.904*	−1.541***	−1.541*	−2.408***
	(0.393)	(0.937)	(0.522)	(0.558)	(0.852)	(0.785)
国家固定效应	是	是	是	是	是	是
企业-年份固定效应	是	是	是	是	是	是
样本量	423381	268590	122332	1760143	1286404	381255
修正 R 值	0.625	0.688	0.710	0.648	0.666	0.702

注：*DSL_FDI* 为服务行业 FDI 开放程度指标。*des_tariff* 是目的地国家（地区）关税的自然对数。*des_manuf_lib* 衡量出口目的地国家（地区）制造业的 FDI 开放程度。*des_gdp* 是目的地国家（地区）人均 GDP 的自然对数。所有回归都控制了企业-年份和国家固定效应。标准误聚类到了国家-年份层面。显著度水平为 *** 表示 p<0.01、** 表示 p<0.05、* 表示 p<0.1。

---

① 笔者确定了 2018 年之前的经合组织成员国，详细名单可以通过 https：//www.oecd.org/about/members-and-partners/查询。另外，笔者还使用了世界银行的标准，按照收入水平将各国分为高收入国家（地区）和低收入国家（地区）两组，并根据该分组进行了稳健性检验，结果详见附录表 A14。

第三节　理论模型

在本节中，笔者构建了一个多产品企业模型，并根据该模型分析了实证结果背后的影响机制。本章的模型是 Melitz 和 Ottaviano（2008）与 Mayer 等（2014）模型的一个变体。该模型框架的一个优点是，它与现实中多产品出口企业在出口额偏度上的拟合程度非常高（Mayer 等，2014），这一特点对于出口产品多样化的分析至关重要。接下来，笔者将详细介绍该模型的基本架构，并利用该模型对实证结果进行机制分析。

一、消费者行为

本节的模型包含三个部门——消费者、制造业企业以及服务业企业。仿照 Melitz 和 Ottaviano（2008）、Mayer 等（2014）、Dhingra（2013）以及 Qiu 和 Yu（2020）等的做法，笔者假设国家 j 的消费者效用函数为以下非线性形式：

$$U_j = q_{0j} + \int_{i \in \Omega_j} (\alpha + z_m) q_{mj} dm - \frac{1}{2}\gamma \int_{m \in \Omega_j} q_{mj}^2 dm - \frac{1}{2}\beta_A \left[\int_{m \in \Omega_j^A} (\alpha + z_m) q_{mj} di \right]^2 -$$

$$\frac{1}{2}\beta_B \left[\int_{m \in \Omega_j^B} (\alpha + z_m) q_{mj} dm \right]^2 \qquad (5\text{-}7)$$

其中，q_{0j} 代表非差异化产品的消费量；q_{mj} 是国家 j 的消费者购买的差异化产品 m 的消费量；Ω_j^A 是国家 j 所有属于行业类别 A 的产品集合；Ω_j^B 是国家 j 所有属于行业类别 B 的产品集合；z_m 表示消费者对产品 m 的偏好属性，z_m 的值越大，表示消费者对产品 m 的偏好程度越大。这种偏好属性通常与产品的质量、功能特征、品牌效应等相关联。Fajgelbaum 等（2011）指出，发达国家在生产高质量产品方面具有比较优势，而质量越高的产品，消费者对该产品的偏好程度越大。笔者将发达国家具有质量优势的产品归类为行业类别 B，而将发达国家不具有质量比较优势的产品归类为行业类别 A。为简单起见，笔者假设所有国家（包括发达国家和发展中国家）在行业类别 A 中生产相同质量水平的产品；而在行业类别 B 中，发达国家生产高质量产品，发展中国家生产低质量产品。

假设消费者同时从消费差异化商品和非差异化商品中获得效用。差异化产品的种类由 HS 分类代码或生产该产品的企业来区分。笔者假设目的地国家（地区）市场中的差异化产品来源地有两个：一个是进口自中国的差异化产品；另一个是该国本土企业所生产的差异化产品。效用函数（5-7）的第一项表示消费者对非差异化产品的边际效用不变；效用函数的第二项和第三项表示消费者对差异化产品的边际效用随着消费量的提高而递减；效用函数的第四项和第五项衡量了每个行业中差异化产品之间的竞争程度。消费者的目标是在以下预算约束的条件下，最大化自己的效用水平。

$$p_{0j}q_{0j} + \int_{m \in \Omega_j} p_{mj}q_{mj}di \leqslant W_j \qquad (5\text{-}8)$$

其中，W_j 是国家 j 的一个典型消费者的收入；非差异化商品的价格被标准化为 1；p_{mj} 是差异化商品 m 的价格；q_{mj} 是差异化商品 m 的需求量。根据以上条件，可以计算得到该国消费者对行业类别 χ 中的产品 m 的需求函数（5-9）。

$$q_{mj}^n = n_j q_{mj} = n_j \left(\frac{\alpha + z_m}{\gamma} - \frac{1}{\gamma} p_{mj} - \frac{\beta_\chi}{\gamma} Q_j^\chi \right) \qquad (5\text{-}9)$$

其中，$\chi = A, B$；$Q_j^\chi \equiv \int_{i \in \Omega_j^\chi} q_{mj}dm$ 是行业类别 χ 中所有差异化产品的总需求指数；j 代表国家；n_j 表示国家 j 的消费者规模（人口数量）。在这里，笔者假定所有国家的人口数量相同。这一假定并不会影响本节的主要结论，但会大大简化分析步骤。

接下来，笔者将继续介绍本模型在生产者方面的设定与生产者行为。

二、生产者行为

笔者假设每个企业可以生产多种产品，而每种产品的生产效率（边际成本）不一样。企业生产产品 i 的生产效率为 φ_i。为了讨论方便，将产品按照其生产效率进行排序，i 取值越大的产品，其生产效率越低。根据以上设定，笔者可以将生产效率和产品的序号写成以下关系式：$\varphi_i = \kappa i^{-1}$，其中 $\kappa > 0$。另外，笔者假设企业的生产过程需要两种投入要素，分别为劳动要素 L 和服务业所提供的各类投入品 $X^S \equiv \left[\sum_\nu \left(x_\nu^S \right)^{\frac{1}{\mu}} \right]^\mu$，其中，$X^S$ 表示企业所使用的服务业各类投入品的总投入量指数，x_ν^S 表示企业使用服务业子部门 ν 的投入品的投入量。在不丧失普遍性的情况下，笔者对模型进行了如下简化：笔者假设企业的生产过程需要劳动要素和服务这两种生产投入要素，而出口过程只需要进口国所提供的服务业投入品。

具体而言，生产一单位产品 i，企业 f 需要投入 $\dfrac{1}{A_f \varphi_i}$ 单位劳动要素与 $\dfrac{a_1}{\varphi_i}$ 单位的服务业产品。该企业出口一单位产品到国家 j 需要 $\dfrac{t_j a_2}{\varphi_i}$ 单位服务业投入品。其中，A_f 是企业 f 的企业层面特定生产率。企业层面的生产率具有异质性。为了讨论方便，笔者定义企业层面的边际成本为 $\theta_f \equiv \dfrac{1}{A_f}$。另外，生产产品 i 需要提前投入固定成本 F_i。劳动的工资率水平标准化为 1，即 $W_j = 1$。国家 j 的服务行业投入品的综合价格指数为 P_j^S（P_c^S 代表中国的服务业价格指数）。t_j 代表中国企业出口到国家 j 所需要付出的单位贸易成本。劳动投入与服务业产品投入在企业的生产与贸易阶段为互补品。

根据以上设定，笔者可以将一个典型的中国出口企业 $f(c)$ 的生产与出口总成本写成以下函数形式：

$$C_{f(c)} = \int_{j \in J_{f(c)}} \left[\int_{i \in \Omega_{f(c)}^j} \left(\frac{\theta_{f(c)} + a_1 P_c^S + t_j a_2 P_j^S}{\varphi_i} q_{ij} + F_i \right) di \right] dj \tag{5-10}$$

其中，F_i 是中国企业 $f(c)$ 生产产品 i 的固定成本投入；φ_i 为该企业生产产品 i 的特定生产效率，该成本是产品标号 i 的减函数 $\varphi_i = \kappa i^{-1}$；$\Omega_{f(c)}^j$ 为企业 $f(c)$ 出口到国家 j 的所有产品种类的集合；$J_{f(c)}$ 为企业 $f(c)$ 所有出口市场的集合；$\theta_{f(c)}$ 表示企业 $f(c)$ 在企业层面的特定边际成本，该成本为企业层面生产率的倒数；t_j 为该企业出口产品到国家 j 所要付出的单位贸易成本；P_j^S 为国家 j 所提供的服务业投入品的综合价格水平。另外，在不影响分析结论的前提下，笔者假设

$F_i = 0$。根据以上设定，企业 $f(c)$ 的利润函数可以写成以下形式：

$$\pi_{f(c)} = \int_{j \in J_{f(c)}} \left\{ \int_{i \in \Omega_{f(c)}^j} \left[p_{ij} q_{ij} - \frac{\theta_{f(c)} + a_1 P_c^S + t_j a_2 P_j^S}{\varphi_i} q_{ij} \right] di \right\} dj \tag{5-11}$$

对于国家 j 的一个典型的本地企业 $f(j)$，它在国家 j 的销售成本为零。因此，笔者可以将该本地企业的利润函数写成以下形式：

$$\pi_{f(j)} = \int_{i \in \Omega_{f(j)}^j} \left[p_{ij} q_{ij} - \frac{\theta_{f(j)} + a_1 P_j^S}{\varphi_i} q_{ij} \right] di \tag{5-12}$$

在不失去普遍性的情况下，笔者对模型设定做出以下的进一步假设。企业层面特定边际成本 $\theta_{f(c)}$ 服从一个定义域为 $\theta_{f(c)} \in [\theta_{\min}, \theta_{\max}]$ 的已知分布 $\theta_{f(c)} \sim G(\theta)$。另外，笔者将产品分为两个行业类别，分别为行业类别 A 和行业类别 B。行业类别 A 集合了所有劳动密集型行业。在这些行业，中国生产的产品的质量水平与发达国家相同。行业类别 B 集合了所有资本密集型行业。在这些行业，笔者假设发达国家的产品质量水平比包括中国在内的发展中国家所生产的产品的质量水平要高。

根据以上设定，一个典型的中国企业在国家 j 所销售的产品 i 的最优价格策略、供给量策略以及最优出口口径如下所示：

$$\begin{cases} p_{f(c)ij}^* = \max\left\{ 0, \ \frac{1}{2}\left[\alpha + z_L - \beta_\chi Q_j^\chi + \frac{\theta_{f(c)} + a_1 P_c^S + t_j a_2 P_j^S}{\varphi_i} \right] \right\} \\ q_{f(c)ij}^* = \max\left\{ 0, \ \frac{1}{2\gamma}\left[\alpha + z_L - \beta_\chi Q_j^\chi - \frac{\theta_{f(c)} + a_1 P_c^S + t_j a_2 P_j^S}{\varphi_i} \right] \right\} \\ M_{f(c)j}^{\chi*} = \max\left\{ 0, \ \left[\frac{\kappa}{\theta_{f(c)} + \tau_j + \rho_j} \right] (\alpha + z_L - \beta_\chi Q_j^\chi) \right\} \end{cases} \tag{5-13}$$

根据以上结果，进一步计算可得中国企业 $f(c)$ 在不同市场环境下出口到国家 j 的产品种类数量，如下式所示：

$$M^*_{f(c)j} = \begin{cases} 0, & \text{if } \alpha + z_L \leq \min_{\chi}(\beta_\chi Q^\chi_j) \\[3mm] \left[\dfrac{\kappa}{\theta_{f(c)} + a_1 P^S_c + t_j a_2 P^S_j}\right](\alpha + z_L - \beta_A Q^A_j), & \text{if } \beta_B Q^B_j \geq \alpha + z_L \geq \beta_A Q^A_j \\[3mm] \left[\dfrac{\kappa}{\theta_{f(c)} + a_1 P^S_c + t_j a_2 P^S_j}\right](\alpha + z_L - \beta_B Q^B_j), & \text{if } \beta_A Q^A_j \geq \alpha + z_L \geq \beta_B Q^B_j \\[3mm] \left[\dfrac{\kappa}{\theta_{f(c)} + a_1 P^S_c + t_j a_2 P^S_j}\right]\left[2(\alpha + z_L) - \sum_\chi \beta_\chi Q^\chi_j\right], & \text{if } \alpha + z_L \geq \max_{\chi}(\beta_\chi Q^\chi_j) \end{cases}$$

$$(5\text{-}14)$$

接下来，笔者将重点讨论在 $\alpha + z_l \geq \max_{\chi}(\beta_\chi Q^\chi_j)$ 的情况下，服务行业开放所造成的影响，即中国企业同时出口资本密集型产品与劳动密集型产品到国家 j 时的情况。

三、服务行业 FDI 自由化影响

如前文所述，服务部门的外国直接投资自由化导致服务产品价格指数降低，从而进一步降低了制造业企业的生产和贸易边际成本。当一家典型的中国企业 $f(c)$ 的生产与贸易边际成本降低时，笔者预期其出口的劳动密集型产品的数量与种类会增加；而对于出口的资本密集型产品的数量与种类以及出口额的偏度等的调整，笔者难以做出简单预测。这些变量的调整依赖于目的地国家（地区）市场环境的变化而变化。因此，笔者需要先将这些变量对服务业投入品价格水平求偏导，并根据偏导结果做进一步分析。

$$\begin{cases} \dfrac{\partial q^*_{f(c)ij}}{\partial P^S_j} = \dfrac{1}{2\gamma}\left(-\dfrac{t_j a_2}{\varphi_i} - \beta_\chi \dfrac{\partial Q^\chi_j}{\partial P^S_j}\right) \\[4mm] \dfrac{\partial M^{\chi *}_{f(c)j}}{\partial P^S_j} = -\dfrac{\kappa t_j a_2}{(\theta_{f(c)} + a_1 P^S_c + t_j a_2 P^S_j)^2}\left[\alpha + z_L - \beta_\chi\left(Q^\chi_j - (\theta_{f(c)} + a_1 P^S_c + t_j a_2 P^S_j)\dfrac{\partial Q^\chi_j}{\partial P^S_j}\right)\right] \\[4mm] \dfrac{\partial M^*_{f(c)j}}{\partial P^S_j} = -\dfrac{\kappa t_j a_2}{(\theta_{f(c)} + a_1 P^S_c + t_j a_2 P^S_j)^2}\left[2(\alpha + z_L) - \sum_\chi \beta_\chi\left(Q^\chi_j - (\theta_{f(c)} + a_1 P^S_c + t_j a_2 P^S_j)\dfrac{\partial Q^\chi_j}{\partial P^S_j}\right)\right] \\[4mm] \dfrac{\partial sk_{f(c)j}}{\partial P^S_j} = \dfrac{\dfrac{1}{2\gamma}q_{f(c)j2}\left(-\dfrac{1}{\varphi_1} - \beta_\chi \dfrac{\partial Q^\chi_j}{\partial P^S_j}\right)t_j a_2 - \dfrac{1}{2\gamma}q_{f(c)j1}\left(-\dfrac{t_j a_2}{\varphi_2} - \beta_\chi \dfrac{\partial Q^\chi_j}{\partial P^S_j}\right)}{q^2_{fj2}} \end{cases}$$

$$(5\text{-}15)$$

根据式（5-15），笔者发现这些偏导的正负号依赖于$\dfrac{\partial Q_j^X}{\partial P_j^S}$的符号与目的地国家（地区）的行业类别市场$X$的竞争程度指数$Q_j^X$。其中，$\dfrac{\partial Q_j^X}{\partial P_j^S}$的符号显然为负。设想假如$\dfrac{\partial Q_j^X}{\partial P_j^S} \geqslant 0$，则目的地国家（地区）的市场竞争程度会因为服务业价格水平的降低而降低，因此，所有的中国企业和目的地国家（地区）的企业都会增加产品供给量。而产品供给量的增加显然会提高市场的竞争激烈程度，这与$\dfrac{\partial Q_j^X}{\partial P_j^S} \geqslant 0$的假设条件相矛盾。因此，必然有$\dfrac{\partial Q_j^X}{\partial P_j^S} < 0$。笔者假设，在一个发展中国家市场$m$中，市场竞争的激烈程度比较低，$Q_j^X$的值比较小。因此，该市场中的行业类别A与行业类别B同时满足以下条件$z_L > \beta_A \left[Q_m^X - (\theta_{\min} + \tau_d + \rho_d) \dfrac{\partial Q_m^X}{\partial P_d^S} \right] - \alpha$。因此，在一个发展中国家市场，一个典型的中国出口企业$f(c)$会根据以下偏导结果对自己的出口产品数量、出口口径以及出口偏度等策略做出调整。

$$\begin{cases} \dfrac{\partial q_{f(c)im}^*}{\partial P_m^S} > \text{or} \leqslant 0 \\[2mm] \dfrac{\partial M_{f(c)m}^{X*}}{\partial P_m^S} < 0 \\[2mm] \dfrac{\partial M_{f(c)m}^*}{\partial P_m^S} < 0 \\[2mm] \dfrac{\partial sk_{f(c)m}}{\partial P_m^S} > 0 \end{cases} \tag{5-16}$$

等式集合（5-16）显示了企业在服务业投入品价格下降情况下对出口策略所做的调整。根据以上结果不难看出，每个企业对产品数量的调整是不确定的。产品数量的变化依赖于企业的生产效率。生产效率较高的企业会提高产品的供给量，而生产效率较低的企业会降低产品的供给量。所有的企业同时会增加出口产品的种类数量以及降低出口产品的偏度。

接下来，笔者将分析中国企业对发达国家出口的策略调整。中国企业 $f(c)$ 的出口策略由等式组（5-13）和（5-14）来描述。根据之前的设定，发达国家在行业类别 B 拥有质量水平上的比较优势。如果发达国家在质量水平上的优势足够高，即满足以下条件：对于任何 $\theta_{f(c)} \in \left[\theta_{\min}, \theta_{\max}\right]$，$Q_d^B \beta_B \left(t_d a_2 Q_d^B - (\theta_{f(c)} + a_1 P_c^S + t_d a_2 P_d^S) \dfrac{\partial Q_d^B}{\partial P_d^S}\right) - \alpha > z_L$，那么中国企业将在服务行业贸易自由化过程中缩小行业类别 B 的出口产品的种类数量。与此同时，生产高质量产品的本地企业会在该类行业中增加产品种类数量。而在行业类别 A 中，由于发达国家的本地企业不具有质量上的比较优势，因此，服务行业自由化不会导致中国企业在该类产品上缩小出口产品的种类范围。

上述结果的经济学涵义为，行业类别 B 为资本密集型行业，发达国家本地企业在该领域相对于中国企业具有质量层面上的比较优势。在发达国家，此类行业的市场竞争激烈程度比较高，中国企业在此类行业难以与发达国家相竞争。服务行业的 FDI 自由化会增强当地企业的竞争力，从而进一步加深市场竞争的激烈程度，最终导致中国所生产的资本密集型产品被当地企业排挤出该国市场。而在劳动密集型产品市场，发达国家企业不具有质量层面的比较优势。因此，服务部门价格水平的下降并不会更加加强当地企业的竞争力，因而中国企业并不会被排挤出市场。中国的企业因贸易成本的下降增加了劳动密集型产品的出口。在条件 $z_L \geqslant \beta_A \left[t_d a_2 Q_d^A - (\theta_{f(c)} + a_1 P_c^S + t_d a_2 P_d^S) \dfrac{\partial Q_d^A}{\partial P_d^S}\right] - \alpha \geqslant 0$ 满足的情况下，中国的出口企业 $f(c)$ 会增加对发达国家 d 的劳动密集型产品的出口或者至少保持出口不变。根据以上讨论，笔者得到如下针对发达国家市场出口的策略调整。

$$\begin{cases} \dfrac{\partial q_{f(c)id}^{*}}{\partial P_d^S} > \text{or} \leqslant 0 \\[4mm] \dfrac{\partial M_{f(c)d}^{A*}}{\partial P_d^S} \leqslant 0 \\[4mm] \dfrac{\partial M_{f(c)d}^{B*}}{\partial P_d^S} > 0 \\[4mm] \dfrac{\partial M_{f(c)d}^{*}}{\partial P_d^S} > \text{or} \leqslant 0 \\[4mm] \dfrac{\partial sk_{f(c)d}}{\partial P_d^S} > 0 \end{cases} \tag{5-17}$$

式（5-17）的结果表明，服务业 FDI 自由化会使中国企业缩小向发达国家市场出口的行业类别 B（资本密集型产品）的产品种类数量，而出口的行业类别 A（劳动密集型产品）的产品种类数量增加或者保持不变。这些理论预测与我们的实证结果保持一致。

四、直观解释

图 5-5 描述了以上理论结果的直观解释。该图的第一个箭头表示目的地国家（地区）的服务业 FDI 自由化降低了服务业投入品的价格水平。服务业 FDI 自由化

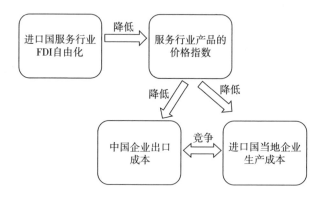

图 5-5　服务部门 FDI 开放与制造业企业成本

与服务业投入品价格之间的影响关系依赖于两个渠道：一是外国直接投资的流入和外资公司在本地市场的出现提高了市场竞争强度，从而削弱了市场中企业的定价能力。二是外国直接投资伴随着生产率和技术的溢出。这种溢出效应降低了当地服务部门企业的边际成本（Alfaro 等，2009；Engel 和 Procher，2012；Kathuria，2002；Kohpaiboon，2006；Kimura 和 Kiyota，2006；Tomiura，2007；Urban，2010；Zhou 等，2002）。作为制造业部门重要的投入品，服务部门产品价格的降低将直接降低制造业企业的生产与贸易成本。

目的地国家的服务业产品价格的降低不但降低了中国企业的出口成本（Hoekman 和 Shepherd，2017），而且降低了目的地国家（地区）企业的生产成本。因此，服务部门 FDI 自由化会导致目的地国家（地区）市场竞争强度加剧，并对中国产品的出口造成一定的挤出效应。在资本密集型行业，发达国家的企业拥有技术与产品质量层面的比较优势，服务部门 FDI 自由化所造成的市场竞争强度的提升幅度会较为明显，这会对中国产品产生较大的挤出效应。如果中国企业贸易成本的降低幅度不足以抵消这种市场竞争造成的挤出效应，则中国企业会降低对发达国家市场的资本密集型产品的出口。而在劳动密集型行业，由于中国企业并没有相对于发达国家企业的技术与产品质量上的劣势。因此，市场挤出效应并不明显。服务行业 FDI 自由化会使得中国企业增加这类产品的净出口。

本章小结

本章主要研究了服务部门的 FDI 开放对制造业贸易的影响，研究重点在于探究目的地国家（地区）服务部门开放对中国出口产品多样化的影响。实证研究表明，在服务部门 FDI 自由化过程中，中国企业增加了出口产品的种类，同时降低了出口额在核心产品上的偏度。此外，发达国家企业在资本密集型产品生产上具有技术与产品质量层面上的比较优势。发达国家的服务业 FDI 自由化将进一步增强当地企业在资本密集型产业中的竞争能力，并导致对中国产品的挤出效应。相比之下，发展中国家的当地企业并不具有相对于中国企业的技术与产品质量层面的比较优势，因而这种服务部门 FDI 开放并不会导致对中国产品非常强烈的挤出效应。总体而言，服务部门 FDI 开放对中国产品的出口具有促进作用。

本章的研究对已有文献具有两方面的贡献。首先，笔者研究了出口目的地国家（地区）服务行业自由化对货物贸易的影响，并证实了出口目的地国家（地区）的服务行业自由化可以通过提高外资企业在本地市场的商业存在而影响货物产品的贸易。其次，笔者研究了服务行业自由化对制造业企业出口多样化的影响。当然，本章的研究还存在诸多不足。笔者设想在未来的研究中可以增加以下内容：第一，正如 Ariu 等（2020）指出的那样，服务业的发展有可能改变消费者对货物产品的需求，因而会影响货物产品出口价格和出口供给量的变化。第二，探究服务业 FDI 自由化对服务贸易本身的影响也将是对已有文献的有益补充。然而，限于数据结构，笔者无法识别出口产品的价格与数量，也无法研究服务产品本身的贸易情况。

根据本章结论，笔者提出如下政策建议：首先，笔者发现出口国家与进口国家的服务业 FDI 自由化都对贸易产生了积极推动作用。因而，对于构建良好的国际贸易关系，需要通过国家间多边谈判来实现，特别是服务部门需要实行更加紧密和协调的服务贸易政策，加强国际间的行业合作。其次，在管理类文献中，关于出口产品多样化与企业绩效（如生产率）之间的关系没有一致的结论。生产与出口的专门化与多样化之间的权衡对于出口企业来说是一个艰难的选择。本章从进口国服务业 FDI 自由化的角度出发，发现出口企业的出口专门化与多样化策略取决于目的地国家（地区）市场环境与行业特性。因此，为避免企业陷入"比较优势诅咒"陷阱（Ma 等，2014），政府应根据市场与行业的实际情况，因地制宜地出台支持产品质量提升，以及促进产品专门化或者产品多样化的政策。

第六章 汇率波动与进口中间
投入品多样化[①]

第一节 引言

在之前几个章节，笔者研究了 FDI 自由化、贸易自由化以及消费者收入分布变化对可贸易品的质量与多样化的影响。在本章，笔者将研究另一个可能影响贸易产品多样化的重要因素——汇率波动。在国际贸易中，一项交易的完成往往需要进出口企业持有一定数量的贸易伙伴国的货币或者载具货币（Vehicle currency）。如参与贸易的两个国家以第三方货币为交易媒介完成国际贸易，则该货币被称为载具货币。在现实的国际贸易中，载具货币主要以美元或欧元为主。而欧元区以外的贸易大部分交易都是以美元作为载具货币完成的。因此，产品出口国的货币对美元的汇率波动往往会影响出口企业的利润。同样，进口国的货币对美元汇率的波动也会影响进口企业的成本。汇率的波动性越大，国际贸易的汇率风险就越高，对贸易的阻碍作用就越大。自布雷顿-森林体系崩溃以来，在全球化

---

① Li Y. F., Z. Miao, M. Tuuli, 2022. Exchange rate volatility and import of intermediate inputs：Evidence from Chinese firms ［J］. International Review of Economics and Finance, 82：120-134.

程度不断深入的背景下，各国逐步放松了对外汇市场的管制，造成了汇率波动性加剧，使得国际贸易中的汇率风险不断加大。

本章将利用2000~2006年的中国企业进口数据，探究贸易国货币汇率波动对中间投入品贸易多样化的影响。汇率波动相当于增加了企业的贸易成本，因而会对贸易规模产生不利影响。本章的研究进一步补充了相关文献的结论。笔者发现，汇率波动不仅对贸易规模产生了负向影响，而且降低了贸易产品的多样化以及参与进口的企业数量。另外，对外源融资依赖度越高的企业，汇率波动所造成的负向影响越大。

在过去的几十年里，随着全球化程度的不断加深，参与国际贸易的企业面临着越来越多的风险与挑战。这些风险与挑战包括政治不稳定、信用风险、汇率风险以及市场需求冲击等诸多因素。其中，最常见也是最受研究者所关注的影响因素便是汇率波动的不确定性，即所谓的汇率风险。全球外汇市场是迄今为止最大的国际金融市场，日交易额超过5万亿美元。外汇市场交易的活跃会带来汇率的频繁波动。汇率波动给参与国际贸易的企业带来了巨大的收入不确定性，变相增加了企业的贸易成本。近年来，汇率风险对企业出口业绩的影响已被学者广泛研究。然而，在相关研究中，已有文献忽视了对企业进口产品多样化策略的研究。本章的主要研究目标便是丰富这项研究，探究汇率波动是否影响企业对于进口产品种类的选择，以及何种类型的企业受到的冲击会更大。

了解企业的进口决策如何受到汇率波动的影响是非常重要的，其重要性至少源自两点：第一，绝大多数文献表明，中间投入品的进口和使用在许多方面影响着企业的业绩，包括生产率、出口业绩和高技能劳动力的使用比率（Amiti 和 Konings，2007；Amiti 和 Khandelwal，2013；Fan 等，2015；Gopinath 和 Neiman，2014；Goldberg 等，2010；Halpern 等，2015；Kandilov 和 Leblebicioğlu，2011；Kasahara 和 Rodrigue，2008；Kasahara 等，2016；Li 和 Miao，2017；López 和 Nguyen，2015；Dai 和 Xu，2017；Feng 等，2016）。研究企业如何在面对汇率风险的情况下调整中间投入品的进口策略，对我们了解汇率风险对企业业绩与企业发展的影响有着非常重要的作用。

第二，现有的实证研究发现汇率波动与企业进口之间存在负相关关系，但相关研究仍存在许多不完善的地方。例如，López 和 Nguyen（2015）利用智利企业层面的数据发现，汇率波动减少了企业进口的中间投入品的价值，但对于企业决定是否进口的决策则没有影响。在现有文献中，至少还有两个层面的问题没有被深入研究。一是关于企业的财务脆弱性在汇率波动时对企业进口表现上的交叉影响尚没有文献进行研究。财务脆弱性与企业对外源融资的依赖度一般被认为是影响企业出口与进口表现的重要因素，同时也是影响企业抵御市场风险能力的重要因素。二是目前还没有关于中国进口企业受到汇率波动影响的研究。考虑到中国已成为最大的贸易国，其对外贸易模式与之前文献所研究的智利有很大不同。例如，中国的主要贸易行业是制造业，而智利的主要贸易行业是采矿业。本章的研究旨在以行业样本更为齐全的中国企业数据来回答既有文献中尚未明确的两个问题，即制造业企业如何调整中间投入品的进口以应对不同的汇率波动？汇率波动对中间投入品进口的影响的作用机制是什么？

本章的实证研究揭示了若干值得注意的影响关系：一是汇率波动加剧减少了企业进口中间品的价值和种类数量；二是汇率波动对企业进口表现的负面影响在财务脆弱性较高的企业中更为明显；三是私营和外资企业降低了其使用进口中间投入品的概率。这些结果都表明汇率波动对企业进口的价值与产品的多样性有显著的阻碍作用，因为汇率波动对进口企业的影响相当于增加了这些企业的进口沉没成本（Héricourt 和 Poncet，2013）。

图6-1展示了企业进行中间投入品进口的各个阶段。在第一阶段，进口企业首先需要与出口企业签订购买合同，并从银行获得贷款、信用证以及借入外币。在第二阶段，在进口产品完成交割之后，进口企业需要将货款转给出口企业，并向银行支付借贷所产生的利息与本金。在进口交易的这两个阶段之间，往往需要间隔较长的时间。这段间隔时间的长短与银行的办事效率、海关的清关效率以及航运周期等有着密切的关系，间隔时长从几周到几个月不等。在此期间，进口国与出口国的货币汇率很可能会发生明显的波动，从而导致交易中汇率风险的出现。由于交易合同的签订与外币的借入是在第一阶段完成的，而货物与货款的交

割在第二阶段完成，因此，进口企业需要在第一阶段对未来汇率的变化做出理性与准确的预测。在汇率波动较大的时期，进口企业还需要额外购买与汇率波动相关的保险或者与出口商商定如何分摊汇率波动带来的价格变动风险。无论是购买保险还是分摊汇率风险，这都增加了进口企业的进口沉没成本（Héricourt 和 Poncet，2013）。

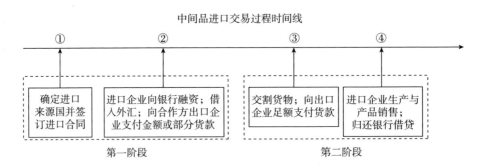

图6-1　进口交易各阶段示意图

第二节　数据与变量

本章的实证分析使用了三类关键变量：各国的宏观经济变量（包括汇率）、企业级别的财务脆弱性指标以及各国各部门的贸易活动指标。在本节，笔者将一一介绍实证分析中的变量以及它们的构建方法。

本章的因变量包括企业的进口价值、进口种类数量以及衡量企业进口状态的虚拟变量。前两种变量衡量的是企业内部的进口调整，被称为进口的集约边际。第三种变量衡量的是企业之间的进口调整，被称为进口广延边际。进口价值的计算方法为每个企业在每个原产地每一年的进口产品总价值。进口产品种类数量为每个企业在每个原产地每一年的基于 HS6 位代码或者 HS8 位代码所计算的产品种类数量。企业决定从某原产国开始进口时，进口发生的第一年的进口状态虚拟变量等于 1, 其他年份等于 0。实证分析中的核心解释变量为进口来源国所使用货币的汇率波动, 即使用月度汇率数据所计算的年度汇率标准差。笔者参照 Héricourt 和 Poncet (2013) 使用该指标来测量汇率波动风险。

一、实际汇率与汇率波动指标

在实证估计中, 笔者使用外币对人民币的名义汇率与实际汇率的波动性作为主要解释变量。所谓名义汇率是指外币对人民币的市场兑换比; 实际汇率是在名义汇率的基础上剔除每个国家的消费者价格指数 (CPI) 的变化影响。对于回归模型中所使用的汇率类型, 使用名义汇率 (NER) 还是实际汇率 (RER) 已经被多项研究讨论过。例如, Héricourt 和 Poncet (2013) 与 López 和 Nguyen (2015) 使用实际汇率的波动研究了汇率风险对进出口的影响。Héricourt 和 Poncet (2013) 指出, 实际汇率可以准确地反映出口国和进口国之间商品相对价格的变化, 而名义汇率则不能反映这种商品的相对价格变化。企业和消费者会根据国家之间的商品相对价格变化来决定在国内或国外购买商品。为了保证实证结论的稳健性, 笔者还使用了名义汇率波动来进行稳健性检验。借鉴 López 和 Nguyen (2015) 的方法, 本章使用以下公式计算汇率波动指数。

$$RER\_vol_{jt} = \text{Std. Dev.} (\ln RER_{jt,m} - \ln RER_{jt,m-1}) \quad\quad (6-1)$$

其中, $RER_{jt,m}$ 是国家 j 在 t 年 m 月的实际汇率。

以上方法所计算的汇率波动指数有两个优点: 其一, 月度数据的对数差消除了汇率的国家之间的单位规模差异与其他固定效应。其二, 该指数的数值不随汇率单位的变化而变化, 即多少人民币兑换一单位外币或多少单位外币兑换一单位人民币。因此, 本章的实证结果不受汇率测量方法的影响并很好地控制了国家之间的固定效应, 消除了传统方法中固有的一系列测量误差问题。为了研究的稳健性, 笔者还使用传统方法构建的汇率波动指数重复了本章的回归, 所得到的结果与基准回归保持一致。

二、企业财务脆弱性指标

本章的实证分析还探讨了企业财务脆弱性对汇率波动与中间投入品进口之间

影响关系的交互作用。企业财务脆弱性指标的构建方法有很多。笔者参照Manova（2008）、Manova（2012）、Manova 和 Yu（2016）以及 Braun（2005）的方法，使用 COMPUSTAT 的上市公司数据中行业层面的财务脆弱性数据构建了企业层面的财务脆弱性数据。该数据样本包含了 1986~1995 年 27 个部门的财务脆弱性指数。笔者将该数据的部门分类转换为 HS 分类，并将其与企业出口数据合并。按照企业在不同行业的出口比重，笔者计算了每个企业的加权财务脆弱性。[①]

$$FinVuln_i = \sum_S \frac{Exports_{is}}{\sum_S Exports_{is}} \times FinVuln_s \qquad (6-2)$$

其中，$Exports_{is}$ 表示企业 i 在行业 s 的出口值；$FinVuln_s$ 为行业 s 的财务脆弱性指标，该指标衡量了企业现金流中依靠外源融资的比例。如果一家企业对外部融资的依赖度越高，则该企业的财务脆弱性越高。除了外部财务依赖之外，笔者还使用了企业的无形资产占总资产的比重来测量企业的财务脆弱性。无形资产占比越高，财务脆弱性越高。

三、贸易数据

本章研究所使用的最后一个数据为中国企业进口交易数据。该数据包含企业-国家-产品-年份层面的进口数据。数据按照 HS8 位码对产品进行分类。因为最终产品的进口特征与中间品进口有明显区别，因而笔者只保留了中间品进口数据。中间投入品是根据联合国 2002 年所做的 BEC 版本 4 行业分类来识别的。进口价值的单位为美元。样本观测期为 2000~2006 年。该时期的样本质量相对较好，统计误差较小。

表 6-1 呈现了各主要变量的统计量，包括企业-国家-年份层面的进口价值、进口产品种类数量以及进口状态，国家-年份层面的汇率波动、汇率、CPI、GDP以及人均 GDP。进口产品种类数量为企业-国家-年份层面以 HS6 位码或 HS8 位

---

① 由于企业在每个行业的国内销售数据不可获得，因此笔者只使用了企业的出口数据来计算权重。在没有国内销售的情况下，使用出口数据来计算企业层面的财务脆弱性的理由如下：一般而言，生产力更高的公司自行选择进入出口市场（Melitz，2003），并且财务约束较少（Ferrando 和 Ruggieri，2018）。因此，通过使用出口销售，笔者可以估计企业受财务约束的下限。

码所计算的产品种类总数。汇率数据来源于国际货币基金组织（IMF）。CPI、GDP以及人均GDP来源于Penn World表（PWT 9.0）。在样本观测期，中国加入了WTO。因此，中国企业的进口额与进口种类数量在此期间出现了大幅度上升。

表6-1　关键变量统计量

变量	均值	标准差	最小值	最大值	样本量
进口额（单位：美元）	1466918	$3.95×10^7$	1	$3.76×10^{10}$	1981843
进口口径（HS6代码计算）	5.164	13.693	1	1548	1981843
进口口径（HS8代码计算）	5.311	14.651	1	1755	1981843
进口状态	0.5	0.5	0	1	1491456
外源融资依赖度	0.792	0.117	0.329	1	243515
无形资产	0.297	0.28	−0.451	1.14	243515
实际汇率波动率	0.023	0.022	0	0.412	1388
实际汇率	1.684	4.059	−3.34	23.532	1407
国内生产总值	351578.10	1233373	72.368	$1.53×10^7$	1112
人均国内生产总值	14603.11	16669.41	468.345	118131.80	1112
物价指数	0.481	0.246	0.086	1.374	1112

第三节　实证分析

本节将展示实证模型与相关结果，并根据实证结果提出相应的政策建议。具体而言，笔者将把研究重点放在实际汇率波动与企业进口中间投入品的影响关系上，包括进口产品的价值、产品种类数量（多样化）以及企业的进口状态。而进口产品的多样化研究是本章的主要贡献之一。

一、回归模型设定

本章的回归模型使用了四种进口指标来衡量企业的进口业绩，分别为进口价值、进口产品种类数量以及企业的进口状态。其中，笔者参照Héricourt和Poncet

（2013）的方法构建了衡量企业进口状态的虚拟变量。当企业在年份 t 从 c 国进口，而在年份 $t-1$ 没有进口时，该样本的进口虚拟变量取值为 1，否则取值为 0。[1] 回归模型设定如下：

$$Import_{ijt} = \alpha \times Exchange\_vol_{jt} + Z_{jt} \times \beta + \lambda_{ij} + \delta_t + \varepsilon_{ijt} \qquad (6-3)$$

其中，i、j 和 t 分别代表企业、进口来源国以及观测年份。除汇率波动外，所有变量值都取自然对数。$Import_{ijt}$ 表示企业的进口业绩，包括进口价值、进口产品种类数量以及进口状态。关键的解释变量为国家 j 在 t 年的实际汇率波动率 $Exchange\_vol_{jt}$。Z_{jt} 控制了国家层面的一系列宏观特征，包括实际汇率水平、CPI、GDP 以及人均 GDP。λ_{ij} 控制了企业－国家固定效应。δ_t 控制了年份固定效应。标准误聚类在企业层面。当标准误在国家/地区层面进行聚类时，结果基本保持一致。

笔者的另一个研究目标是探究汇率波动对企业进口业绩的影响机制。为了探究该问题，笔者在回归中加入了企业财务脆弱性指标，并研究了企业财务脆弱性在汇率波动与企业进口业绩之间的交叉影响。如果企业财务脆弱性与汇率波动的交互项系数为负，则意味着财务脆弱性越高的企业受到汇率波动的负面冲击越大。根据以上结果可得，汇率波动增加了企业的进口成本，而财务脆弱性水平越高的企业对该成本的提升更为敏感。回归模型如式（6-4）所示。

$$Import_{ijt} = \alpha \times Exchange\_vol_{jt} + \beta \times FinVuln_i \times Exchange\_vol_{jt} + Z_{jt} \times \gamma + \lambda_{ij} + \delta_t + \varepsilon_{ijt} \qquad (6-4)$$

二、实证结果与分析

在本节，笔者将报告模型（6-3）与模型（6-4）的回归结果。讨论重点将放在汇率波动对进口产品多样化的影响以及企业财务脆弱性的交叉影响上。

（一）回归结果

在基准回归（6-3）中，笔者研究了实际汇率波动对企业进口业绩的影响，包括进口价值、进口产品种类数量以及企业进口状态。表 6-2 报告了相关回归结

---

[1] 假如从 2000 年到 2006 年的进口价值的取值为 0、23、45、0、0、77、0，则虚拟变量取值将分别为 0、1、0、0、0、1、0。

果。表6-2的第（1）列和第（2）列报告了汇率波动对进口价值的影响。在控制了国家宏观变量之后，笔者观察到，在汇率波动较高的国家-年份，企业从该国进口的产品价格降低。根据第（2）列的结果，实际汇率波动率的标准偏差每增加0.1会导致进口值降低约5.49%。

表6-2的第（3）列和第（4）列报告了以HS6位码所计算的进口产品种类数量的相关回归结果。该结果显示，汇率波动性每增加0.1%将导致企业进口产品的种类数量减少约11.77%。第（5）列和第（6）列报告了以HS8位码所计算的进口产品种类数量的回归结果。该结果显示，汇率波动性每增加0.1个单位，进口产品种类数量将减少11.64%。

表6-2　汇率波动率与进口产品价值

因变量	Import Value		Import Scope（HS8）		Import Scope（HS6）	
	（1）	（2）	（3）	（4）	（5）	（6）
RER Volatility	−0.756[a]	−0.594[b]	−1.323[a]	−1.177[a]	−1.308[a]	−1.164[a]
	(0.269)	(0.269)	(0.088)	(0.088)	(0.089)	(0.089)
国家层面控制变量	否	是	否	是	否	是
固定效应	企业-国家固定效应和年份固定效应					
样本量	1393551	1392935	1393551	1392935	1393551	1392935

注：①显著度水平b表示p<0.05；a表示p<0.01。②Import Value表示企业-国家-年份层面的进口额；*Import Scope*（HS8）表示以HS8分类码所计算的企业-国家-年份层面的进口产品种类数量；*Import Scope*（HS6）表示以HS6分类码所计算的企业-国家-年份层面的进口产品种类数量；*RER Volatility*表示国家-年份层面实际汇率波动指数。③所有变量都取自然对数。④标准误聚类在国家层面。

表6-3报告了汇率波动对企业进口状态的影响结果。在控制了国家层面宏观变量之后，笔者发现汇率波动降低了企业进口的概率［如表6-3第（1）列和第（2）列所示］。

表6-3　汇率波动与进口状态

因变量	Importing status			
	（1）	（2）	（3）	（4）
RER Volatility	−0.427[a]	−0.300[a]	−0.002	−1.110
	(0.091)	(0.092)	(0.145)	(0.720)
×*External Dependence*			−0.840[b]	
			(0.370)	

因变量	Importing status			
	（1）	（2）	（3）	（4）
×*Intangibility*				1.078 (0.894)
国家层面控制变量	否	是	是	是
固定效应	企业-国家固定效应和年份固定效应			
样本量	1314463	1313150	1104123	1104123

注：①显著度水平 b 表示 p<0.05；a 表示 p<0.01。②*Importing Status* 表示企业-国家-年份层面的进口状态虚拟变量；*RER Volatility* 表示国家-年份层面实际汇率波动指数；*External Dependence* 表示该企业所在行业对外源融资的依赖程度；*Intangibility* 表示该企业所在行业的无形资产所占总资产的比重。③所有变量都取自然对数。④标准误聚类在国家层面。

（二）企业财务脆弱性的交叉影响

为了探究以上回归结果的影响机制，笔者在回归中加入了企业的财务脆弱性与实际汇率波动指数的交叉项，以研究财务脆弱性在汇率波动对企业进口业绩影响中所起到的交叉作用。如果财务脆弱性越高的企业受到的影响越大，则证明汇率波动不但通过影响出口企业的业绩来影响贸易，同时也通过影响进口企业的业绩来影响贸易。如果财务脆弱性的交叉影响不明显，则说明进口的减少可能主要来源于汇率波动对出口企业的影响。

财务压力是进口企业在进口活动中需要考虑的一个重要因素。由于汇率波动会导致进口企业的进口成本产生不确定性，因此会给进口企业带来经营风险。而财务脆弱性更高的企业被认为对经营风险的提升更为敏感。另外，财务脆弱性更高的企业，其资金的流动性更差，能够抵御汇率波动所带来的现金流波动的能力更低。因此，笔者预计汇率波动会给财务脆弱性高的企业带来更大的负面影响。

企业财务脆弱性指数的构建参照了 Manova（2012）所提供的方法。具体而言，笔者使用两个指标来衡量企业的财务脆弱性。第一个是企业层面的外部融资依赖性。如果公司更多地依赖外部融资，它将面临更高的财务风险。因此，该指标的数值越高，表示财务脆弱性越高。第二个是企业层面的无形资产比率。无形资产在总资产中所占比例越高的公司将面临越高的违约风险。因此，该公司将需要更高的融资抵押品，并且还可能面临银行更高的利率。因此，该比率的值越高，表示该企业财务脆弱性水平越高。

笔者根据回归模型（6-4）来探究企业财务脆弱性的交叉影响。表6-3和表6-4报告了相关的回归结果。结果表明，汇率波动的负面影响程度确实随着财务脆弱性的提高而加深。财务脆弱性更高的企业不但更大幅度地降低了进口价值、进口产品种类数量（进口集约边际），而且也降低了进口概率（进口广延边际）（Arndt 等，2012；Buch 等，2014；Wagner，2013）。

表6-4　企业财务脆弱性的作用

因变量	Import Value		Import Scope（HS8）		Import Scope（HS6）	
	（1）	（2）	（3）	（4）	（5）	（6）
RER Volatility	0.253 (0.421)	6.394^a (1.951)	−0.671^a (0.141)	1.254 (0.673)	−0.636^a (0.142)	1.236 (0.679)
×*External Dependence*	−3.086^a (1.028)		−1.725^a (0.359)		−1.800^a (0.363)	
×*Intangibility*		−8.892^a (2.449)		−3.080^a (0.841)		−3.044^a (0.849)
国家层面控制变量	否	是	否	是	否	是
固定效应	企业-国家固定效应和年份固定效应					
样本量	1274454	1274454	1274454	1274454	1274454	1274454

注：①显著度水平b表示p<0.05；a表示p<0.01。②Import Value表示企业-国家-年份层面的进口额；Import Scope（HS8）表示以HS8分类码所计算的企业-国家-年份层面的进口产品种类数量；*Import Scope*（HS6）表示以HS6分类码所计算的企业-国家-年份层面的进口产品种类数量；*RER Volatility*表示国家-年份层面实际汇率波动指数；*External Dependence*表示该企业所在行业对外源融资的依赖程度；*Intangibility*表示该企业所在行业的无形资产所占总资产的比重。③所有变量都取自然对数。④标准误聚类在国家层面。

（三）企业所有权的作用

本章的另一个研究目标是探究不同所有权企业所受到的异质性影响。如表6-5和表6-6所示，汇率波动对国有企业和外资企业的进口价值与进口多样化有着明显的负面影响，但对私营企业的进口价值与进口多样化的影响并不显著。而对于进口广延边际，笔者只发现对私营企业和外资企业有显著的负面影响。这些结果表明，为了应对汇率风险的上升，国有企业更有可能调整其进口的集约边际；私营企业更有可能调整进口的广延边际；外国公司将同时调整进口的集约边际和广延边际。

表6-5　企业所有权的作用：集约边际

因变量	Import Value			Import Scope（HS6）			Import Scope（HS8）		
	国有企业	民营企业	外资企业	国有企业	民营企业	外资企业	国有企业	民营企业	外资企业
	（1）	（2）	（3）	（4）	（5）	（6）	（7）	（8）	（9）
RER Volatility	−0.184 (0.517)	−0.397 (0.918)	−0.773[b] (0.334)	−0.617[a] (0.163)	−0.004 (0.324)	−1.578[a] (0.111)	−0.582[a] (0.164)	0.032 (0.327)	−1.580[a] (0.112)
国家层面控制变量	是	是	是	是	是	是	是	是	是
固定效应	企业-国家固定效应和年份固定效应								
样本量	341601	163999	878194	341601	163999	878194	341601	163999	878194

注：①显著度水平 b 表示 p<0.05；a 表示 p<0.01。②*Import Value* 表示企业-国家-年份层面的进口额；*Import Scope*（HS8）表示以 HS8 分类码所计算的企业-国家-年份层面的进口产品种类数量；*Import Scope*（HS6）表示以 HS6 分类码所计算的企业-国家-年份层面的进口产品种类数量；*RER Volatility* 表示国家-年份层面实际汇率波动指数。③所有变量都取自然对数。④标准误聚类在国家层面。

表6-6　企业所有权的作用：广延边际

因变量	Import Status		
	国有企业	民营企业	外资企业
	（1）	（2）	（3）
RER Volatility	−0.118 (0.104)	−0.078[b] (0.037)	−0.122[a] (0.042)
国家层面控制变量	是	是	是
固定效应	企业-国家固定效应和年份固定效应		
样本量	323722	291110	741966

注：①显著度水平 b 表示 p<0.05；a 表示 p<0.01。②Importing Status 表示企业-国家-年份层面的进口状态虚拟变量；RER Volatility 表示国家-年份层面实际汇率波动指数。③所有变量都取自然对数。④标准误聚类在国家层面。

第四节　稳健性检验

一、样本选择的稳健性检验

本章的基准回归使用的是 2000~2006 年所有进口企业的全样本。关于使用该样本的一个担忧是，很多企业只有一个进口来源国，或者只进口一种产品。如果本章的结果，特别是进口多样化的结果受这些样本影响较大，那么得到的回归结果可能不是准确结果。为了检验结果的稳健性，笔者挑选了多于一个进口来源国或者多于一个进口产品的企业样本做了新的回归。使用该子样本所做的回归结果报告在表 A15 至表 A18 中（见附录）。表 A15 和表 A16 报告的结果排除了只有一个进口来源国的企业样本。表 A17 和表 A18 报告了排除只有一种进口产品的企业样本。这些回归结果与本章的基准回归结果保持一致，证明了基准回归结果的稳健性。

二、汇率指标的稳健性检验

进口企业在选择进口来源国时，考虑了各国货币的实际购买力，即国家之间的物价水平。因此，笔者在之前的估计中使用的是实际汇率而不是名义汇率。然而，之前估计的一个潜在问题是，回归结果是否会因实际汇率的构造方式而改变。为了验证实际汇率指标的稳健性，笔者又使用名义汇率重复了基准回归。表 A19 和表 A20 报告了相关结果（见附录）。这些结果显示，即使使用了名义汇率，所得到的结果依然与基准回归相一致。

三、延迟效应研究

通常而言，贸易货物的清关时间为几周到几个月不等。假设进口合同在装运货物之前签署，而货款是在装运之后付清。当汇率在合同开始与付款完成这段时间出现波动时，汇率风险就会出现。在进口合同签署之前，进口企业需要对交易完成之日的即期汇率做出合理预期。该预期通常是根据汇率的历史波动性做出的。因此，汇率波动的影响可能会有迟滞性，即历史波动数据会影响即期的进口表现。

为了验证汇率波动的迟滞性效应，笔者在基准回归的基础上，加入了汇率波动的 3 个月的滞后项。之所以使用 3 个月的滞后项，是因为合同开始与付款完成之间的间隔期最长大概为 3 个月。表 A21 和表 A22 报告了相关结果（见附录）。相关结果显示，滞后期的汇率波动依然对企业进口具有负面影响。

四、进口状态指标的稳健性检验

本章的基准回归使用了进口状态虚拟变量来检验企业进口的广延边际变化。为了保证该指标的稳健性，笔者使用了企业进入虚拟变量和退出虚拟变量来衡量进口的广延边际。企业进入虚拟变量的具体定义为：当企业在年份 t 开始从某国进口，而在年份 $t-1$ 没有进口时，该样本取值为 1，其他情况取值为 0。企业的退出虚拟变量定义为：当企业在年份 $t-1$ 从某国进口，而在年份 t 没有进口时，该年份取值为 1，其他情况取值为 0。基于这些指标，笔者重新进行了基准回归，并在表 A23 中报告了相关结果（见附录）。估计结果与本章的基准回归结果一致。较高的汇率波动性导致了较低的市场进入概率以及较高的退出概率，而更高的财务脆弱性则加深了这些影响。

五、企业财务脆弱性指标的稳健性检验

基准回归所使用的企业财务脆弱性指标存在两个可能的问题：其一，COM-PUSTAT 的上市公司数据是从美国市场检索的，而本章的研究则使用了中国公司的样本。为了检验美国企业样本所构建的该指标的稳健性，笔者重新使用中国的省级金融发展指数来代表企业的财务脆弱性水平。一个更好的融资环境将允许企业以较低的利率和抵押品来获得外部融资。因此，较高的金融发展水平意味着较

低的财务脆弱性水平。表 A24 报告了相关结果（见附录）。笔者观察到金融发展水平与汇率波动之间的相互作用为显著正系数，该结果与基准回归结果相一致。

其二，由于金融脆弱性指数是根据不同产品的出口价值份额计算的，出口广延边际的变化可能会导致指数的估计错误。例如，在出口值为零的年份，企业的财务脆弱性指标是根据其他年份的数据构建的。因此，笔者删除了出口价值为零的样本，并使用新的样本重复了基准回归。表 A25 报告了相关结果（见附录）。结果显示即使剔除了出口价值为零的出口样本，回归结果依然与基准回归保持一致。

六、控制企业-年份固定效应

本章实证研究的最后一个潜在问题是基准回归模型没有控制随时间变化的企业特征。为了排除这一潜在问题，笔者控制了企业-年份固定效应与企业-国家固定效应来重复基准回归。表 A26 报告了相关估计结果（见附录）。该结果与基准回归结果保持一致。

以上一系列的稳健性检验表明，汇率波动在企业进口表现中起着重要作用。具体而言，汇率波动性会导致进口价值与进口产品多样化的降低，同时也降低了企业进口的概率。

本章小结

现有理论与实证文献关于汇率波动对企业进口业绩的影响的讨论还不完整，特别是对于进口产品多样化和影响机制的讨论尚存在研究空白。对于企业进口中间投入品行为的研究，可以帮助我们充分认识企业生产过程中所遇到的经营风险以及进口中间品所包含的技术是如何提升企业业绩的。本章的研究旨在弥补现有文献中这两个研究空白。为了实现该研究目标，笔者使用了中国企业层面的进口交易数据与进口来源国的汇率数据，研究发现：第一，汇率波动降低了企业进口中间投入品的价值、产品种类数量以及进入某来源国市场的可能性。第二，企业的财务脆弱性会增强汇率波动的这些负面影响。第三，在不同的所有制企业中，民营企业和外资企业对于进口广延边际的降低程度更为显著，这说明民营企业与外资企业受到的汇率波动冲击更大。

以上发现带给笔者许多新的思考：首先，在汇率波动对进口绩效的影响中，产品的出口企业是否也带来了一定的影响作用？一个更为稳定和高效的交易关系，可能会降低汇率波动所带来的负面影响。由于受数据可获得性所限，笔者目前还无法对该问题进行研究。这个问题可能需要在未来的研究中解决。其次，汇率稳定性给企业进口所带来的好处能否促使政府实行固定汇率政策？这需要进行进一步的社会整体福利评估。

总结而言，本章的研究对已有文献有三个层面的贡献：首先，笔者为相关研究提供了来自中国的实证经验。其次，笔者探究了汇率波动对进口产品多样化的影响。最后，笔者发现财务脆弱性越高的企业，受到汇率波动的负面冲击越深。实证发现表明，汇率波动提高了企业的进口成本，并降低了企业的进口业绩。因此，一个更为稳定的汇率水平更有利于企业的进口业绩。

第七章　结论与政策启示

本书的主要研究内容是探究在贸易自由化过程中，中国企业与出口产品是如何受到国际市场环境因素影响的。本书的主要研究发现可以总结为以下三点：第一，市场规模的扩大或者贸易自由化会促进企业产品质量的升级与新产品的研发。这种促进作用的动因不单单来自市场竞争的加剧，也来自市场规模本身可以帮助企业分摊高昂的研发投入成本。第二，消费者的收入分布情况会影响产品的市场需求，特别是对不同质量的产品的需求。这种消费者收入与产品质量的需求关系决定了中国企业的出口产品质量与出口多样化水平。第三，汇率波动与服务行业低效率等提升了企业的贸易成本，而贸易成本的降低能够促进贸易产品多样化程度的提升。笔者期望这些研究发现可以为相关贸易政策的制定提供一定的事实依据与理论参考。

首先，本书的研究证明，贸易自由化会促进发展中国家的企业进行创新研发活动与产品质量的提升。但与此同时，与市场规模更大的发达国家进行贸易也会导致发展中国家企业倾向于专门化生产低质量产品。因此，我们在与发达国家签订自由贸易协定时，要注意保护创新与研发能力强的企业。这与我们的一些常识可能不相符。一般认为，贸易开放需要重点保护的应该是生产效率低的小企业，而往往忽视对研发能力较强的大企业的保护。根据垂直化竞争模型的分析可知，发达国家企业一般将生产集中在高技术含量与高质量水平的产品上。因此，生产高质量产品的企业更有可能受到国外企业的直接冲击。其次，本书发现出口目的地国家（地区）的服务行业开放程度也会影响贸易的规模以及出口的多样化水平。其主要影响机制是出口企业在目的地国家（地区）进行商业活动，加深了贸易联系。因此，扩大自由贸易协定的覆盖范围，特别是加强服务领域的双边合作，有利于推动货物贸易的增长。最后，本书的研究表明，一个相对稳定的汇率波动会降低企业在贸易中所面对的市场风险以及贸易成本。因此，维护一个相对稳定的汇率波动水平，有助于对外贸易的发展。

附　录

数学推导

引理 1 证明

在定义域 $[0, \bar{\theta}]$，$G'(\theta) > 0$ 成立，且 $G(\theta)$ 存在反函数。笔者定义函数 $y \equiv G(\theta)$ 的反函数为 $\Omega(y)$。然后，可以得到以下反需求函数。

$$\begin{cases} P_H = \Omega\left(1 - \dfrac{X_H}{N}\right)(q_H - q_L) + \Omega\left(1 - \dfrac{X_H + X_L}{N}\right)q_H \\ P_L = \Omega\left(1 - \dfrac{X_H + X_L}{N}\right)q_L \end{cases} \tag{A1}$$

根据企业利润最大化条件，笔者对企业利润函数做一阶导数之后可以得到下式。

$$\frac{P_H}{C_H} - \frac{P_L}{C_L} = \frac{q_H}{C_H}\left[\Omega\left(1 - \frac{X_H}{N}\right)(1 - k) + \Omega\left(1 - \frac{X_H + X_L}{N}\right)\left(1 - \frac{c_H}{c_L}\right)\right] \tag{A2}$$

因为 $k = q_L/q_H < 1$，$c_H \leqslant c_L$ 并且函数 $\Omega(\cdot)$ 是单调递增的，所以式（A2）的

等号右边部分必为正数。因此，可以得到以下关系式。

$$\frac{P_H}{C_H}-\frac{P_L}{C_L}>0 \tag{A3}$$

证毕。

引理 2 证明

企业 i 的利润函数为：

$$\pi_i=(P_H-C_H)x_H^i+(P_L-C_L)x_L^i-F_H \tag{A4}$$

利润函数对产量求一阶偏导可得：

$$P_H-C_H+x_H^i\frac{\partial P_H}{\partial X_H}+x_L^i\frac{\partial P_L}{\partial X_H}\leq0,\ (=0\ if\ x_H^i>0) \tag{A5}$$

$$P_L-C_L+x_L^i\frac{\partial P_L}{\partial X_L}+x_H^i\frac{\partial P_H}{\partial X_H}\leq0,\ (=0\ if\ x_L^i>0) \tag{A6}$$

笔者只需要推导出当 x_H^i 和 x_L^i 符号都为正时，会产生矛盾，便可以以这种反证法的方式来证明引理 2 的正确性，即 x_H^i 和 x_L^i 的符号不能同时为正。假设 x_H^i 和 x_L^i 符号都为正，则根据式（A5）和式（A6），可以得到以下关系式。

$$\frac{P_H}{q_H}-\frac{C_H}{q_H}-\frac{1}{N}\Omega'\left(1-\frac{X_H}{N}\right)(q_H-q_L)x_H^i-\frac{1}{N}\Omega'\left(1-\frac{X_H+X_L}{N}\right)k(x_H^i+x_L^i)=0 \tag{A7}$$

$$\frac{P_L}{q_L}-\frac{C_L}{q_L}-\frac{1}{N}\Omega'\left(1-\frac{X_H+X_L}{N}\right)(x_H^i+x_L^i)=0 \tag{A8}$$

根据式（A7）和式（A8），可以进一步得到式（A9）。

$$\frac{C_H}{q_H}-\frac{C_L}{q_L}=\left(\frac{P_H}{q_H}-\frac{P_L}{q_L}\right)+\left[\frac{1-k}{N}x_L^i\Omega'\left(1-\frac{X_H+X_L}{N}\right)\right]+$$
$$\left\{\frac{1-k}{N}x_H^i\left[\Omega'\left(1-\frac{X_H}{N}\right)-\Omega'\left(1-\frac{X_H+X_L}{N}\right)\right]\right\} \tag{A9}$$

式（A9）的等号右半部分的符号为正。以下为证明过程。

首先，$\frac{P_H}{q_H}-\frac{P_L}{q_L}$ 的符号为正。

$$\frac{P_H}{q_H}-\frac{P_L}{q_L}=(1-k)\left[\Omega\left(1-\frac{X_H}{N}\right)-\Omega\left(1-\frac{X_H+X_L}{N}\right)\right]>0 \tag{A10}$$

其次，因为 $\Omega'(y)>0$，所以式子 $\frac{1-k}{N}x_L^i\Omega'\left(1-\frac{X_H+X_L}{N}\right)$ 的符号也为正。

最后，如果 $\Omega'(y)$ 为单调递增函数，同时因为条件 $1-\frac{X_H}{N}>1-\frac{X_H+X_L}{N}$ 成立而使得式 A(10) 的最后一部分的符号也为正。

下面分析 $\Omega'(y)$ 是否为单调递增函数。笔者前面假设过，$G(\theta)$ 为单调递增的凸函数。因此，该函数的反函数 $\Omega(y)$ 便为凹函数。因此，$\Omega'(y)$ 为单调递增函数，所以式（A9）的等号右半部分的符号为正。与此同时，根据之前的假设，产品的质量提升并不会大幅度提高产品的边际成本，因此 $c_H \leqslant c_L$。该条件推导出式（A9）的左半部分的符号为负。因此，当 x_H^i 和 x_L^i 的符号同时为正时，矛盾便产生了。在市场均衡条件下，企业 i 只会选择一种类型的产品。如果该企业进行了前期高质量研发投入，那么该企业没有理由去生产利润较低的低质量产品。条件 $G''(\theta) \leqslant 0$ 会导致产品的可变利润（不考虑固定成本的利润）随着产品质量的提高而提高。因此，进行了前期高质量研发投入的企业会只生产高质量产品。

证毕。

定理 1 证明

根据引理 2，在第一种成本结构下，每个企业会专门化生产一种质量水平的产品。因此，每种企业在博弈第二阶段的利润函数可以写为：

$$\begin{cases} \pi_H=(P_H-C_H)x_H-F_H \\ \pi_L=(P_L-C_L)x_L-F_L \end{cases} \tag{A11}$$

对利润函数求一阶导数之后可得：

$$\begin{cases} \dfrac{\partial P_H}{\partial x_H}x_H+P_H-C_H=0 \\ \dfrac{\partial P_L}{\partial x_L}x_L+P_L-C_L=0 \end{cases} \tag{A12}$$

反需求函数为：

$$
\begin{cases}
P_H = \left(1-\dfrac{X_H}{N}\right)\bar{\theta}q_H - \dfrac{X_L}{N}\bar{\theta}q_L \\[3mm]
P_L = \left(1-\dfrac{X_H}{N}-\dfrac{X_L}{N}\right)\bar{\theta}q_L
\end{cases}
\tag{A13}
$$

根据以上等式，笔者可以将利润函数重新写成以下形式：

$$
\begin{cases}
-\dfrac{\bar{\theta}q_H}{N}x_H^* + P_H - C_H = 0 \\[4mm]
-\dfrac{\bar{\theta}q_L}{N}x_L^* + P_L - C_L = 0
\end{cases}
\tag{A14}
$$

继续推导可得：

$$
\begin{cases}
\pi_H^* = \dfrac{\bar{\theta}q_H}{N}x_H^{*\,2} - F_H \\[4mm]
\pi_L^* = \dfrac{\bar{\theta}q_L}{N}x_L^{*\,2} - F_L
\end{cases}
\tag{A15}
$$

式（A14）表明所有同类型的企业都会选择相同的产量策略。因此，笔者可以得到以下关系 $X_H = m_H x_H$ 和 $X_L = m_L x_L$。下面，笔者再来解出第一阶段的企业数量。企业数量是由企业自由进入与退出条件决定的。该条件等价于每个企业获得的利润为零。

$$
\begin{cases}
\pi_H^* = 0 \\[2mm]
\pi_L^* = 0
\end{cases}
\tag{A16}
$$

根据以上等式以及关系式 $X_H = m_H x_H$ 和 $X_L = m_L x_L$，笔者可以解出市场均衡条件下的企业数量 m_H^* 与 m_L^*［见式（A17）］。

$$
\begin{cases}
m_H^* = \dfrac{k\sqrt{1/\beta} + \left[1-k+(kc_L-c_H)/\bar{\theta}\right]\sqrt{(\bar{\theta}N)/f_H} - 1}{1-k} \\[5mm]
m_L^* = \dfrac{\sqrt{\beta} - (c_L-c_H)\sqrt{N/(\bar{\theta}f_L)} - 1}{1-k}
\end{cases}
\tag{A17}
$$

观察式（A17）可知，$m_L^* > 0$ 并且 $\partial m_L^* / \partial N \leq 0$。因此，生产高质量产品的企业相对数量会因市场规模扩大而上升。接下来分析高质量产品的相对供给量变化。该相对供给量表达式为 $X_H / X_L = (m_H x_H)/(m_L x_L)$。根据式（A15）和式（A16），可以推导出 x_H / x_L 为一个固定值。因此，两种产品的相对供给量完全由生产两种产品的企业相对数量决定。当生产高质量产品的企业相对数量提高时，高质量产品的相对供给量会增加。

证毕。

定理 3 证明

定义 m 为企业数量。第一步，需要证明如果 $x_H^* > 0$，则需要 x_L^* 的符号为正。企业 i 的利润函数对 x_H^i 和 x_L^i 求一阶导数可得：

$$\left(1 - \frac{X_H}{N}\right) - \frac{kX_L}{N} - \frac{x_H^i}{N} - \frac{kx_L^i}{N} = \frac{C_H}{\theta q_H} \tag{A18}$$

$$-\frac{x_H^i}{N} + \left(1 - \frac{X_H}{N} - \frac{X_L}{N}\right) - \frac{x_L^i}{N} \leq \frac{C_L}{\theta q_L} （当 x_L^i > 0 时等式成立） \tag{A19}$$

根据 $X_L = m x_L^i$，可以进一步得到：

$$\frac{C_H}{\theta q_H} - \frac{C_L}{\theta q_L} \leq \frac{1}{N}(X_L + x_L^i)(1-k) = \frac{1}{N}(m+1)(1-k)x_L^i \tag{A20}$$

因为 $c_H > c_L$，所以 $x_L^i > 0$。进一步推导可得：

$$-\frac{x_H^i}{N} + \left(1 - \frac{X_H}{N} - \frac{X_L}{N}\right) - \frac{x_L^i}{N} = \frac{C_L}{\theta q_L} \tag{A21}$$

根据式（A18）和式（A21）可以得到：

$$\frac{X_L^*}{N} = \frac{\dfrac{C_H}{\theta q_H} - \dfrac{C_L}{\theta q_L}}{\left(1 + \dfrac{1}{m}\right)(1-k)} \tag{A22}$$

以及

$$\frac{X_H^*}{N} = \frac{m}{1+m} - \frac{m}{(1+m)(1-k)} \left(\frac{C_H}{\bar{\theta}q_H} - \frac{kC_L}{\bar{\theta}q_L} \right) \qquad (A23)$$

继续推导可得，当且仅当条件（A24）成立时，$X_H > 0$。

$$k < \frac{1 - \dfrac{C_H}{\bar{\theta}q_H}}{1 - \dfrac{C_L}{\bar{\theta}q_L}} < 1 \qquad (A24)$$

根据式（A22）和式（A23），比率 X_H/X_L 独立于市场规模。继续推导，可以得到两种产品的市场价格：

$$\begin{cases} P_H^* = \dfrac{mC_H + \bar{\theta}q_H}{m+1} \\[3mm] P_L^* = \dfrac{mC_L + \bar{\theta}q_L}{m+1} \end{cases} \qquad (A25)$$

因为 $c_L < c_H$，所以 $P_L^*/q_L < P_H^*/q_H$。

零利润条件为：

$$(P_H^* - C_H)X_H^* + (P_L^* - C_L)X_L^* = m^* F \qquad (A26)$$

根据以上等式，可以得到企业数量 m^*：

$$m^* = \sqrt{\frac{q_H N \bar{\theta} \Delta}{(1-k)F}} - 1 \qquad (A27)$$

其中，

$$\Delta \equiv \left(1 - \frac{C_H}{\bar{\theta}q_H} \right) \left(1 - k + \frac{kC_L}{\bar{\theta}q_L} - \frac{C_H}{\bar{\theta}q_H} \right) + k \left(1 - \frac{C_L}{\bar{\theta}q_L} \right) \left(\frac{C_H}{\bar{\theta}q_H} - \frac{C_L}{\bar{\theta}q_L} \right) > 0 \qquad (A28)$$

证毕。

定理 4 证明

定义 $E \equiv 1 - X_H$ 与 $F \equiv 1 - X_H - X_L$。$G^{-1}(\cdot)$ 为函数 $G(\cdot)$ 的反函数。对于进行了高质量研发投入的企业 i，其利润函数为：

$$\pi_i = \{u[G^{-1}(E), q_H] - u[G^{-1}(E), q_L] + u[G^{-1}(F), q_L] - C_H\} x_H^i + \{u[G^{-1}(F), q_L] - C_L\} x_L^i \tag{A29}$$

利润函数对 x_H^i 和 x_L^i 求一阶偏导可得：

$$\frac{\partial \pi_i}{\partial x_H^i} = \{u[G^{-1}(E), q_H] - u[G^{-1}(E), q_L] + u[G^{-1}(F), q_L] - C_H\} + x_H^i \{-G^{-1\prime}(E) u_1[G^{-1}(E), q_H] + G^{-1\prime}(E) u_1[G^{-1}(E), q_L] - G^{-1\prime}(F) u_1[G^{-1}(F), q_L]\} - x_L G^{-1\prime}(F) u[G^{-1}(F), q_L] \tag{A30}$$

$$\frac{\partial \pi_i}{\partial x_L^i} = \{u[G^{-1}(F), q_L] - C_L\} - x_L^i G^{-1\prime}(F) u[G^{-1}(F), q_L] - x_H^i G^{-1\prime}(F) u_1[G^{-1}(F), q_L] \tag{A31}$$

通过以上等式可知，$\dfrac{\partial \pi_i}{\partial x_H^i} - \dfrac{\partial \pi_i}{\partial x_L^i}$ 与下式拥有相同的正负号。

$$x_H^i \{u_1[G^{-1}(E), q_L] - u_1[G^{-1}(E), q_H]\} G^{-1\prime}(E) + \{u[G^{-1}(E), q_H] - u[G^{-1}(E), q_L], q_L\} - (C_H - C_L) \tag{A32}$$

如果式（A32）的符号为正，则该企业不会同时生产两种质量水平的产品，即 $x_H^i > 0$ 且 $x_L^i = 0$。可以注意到该式的第一项 $x_H^i \{u_1[G^{-1}(E), q_L] - u_1[G^{-1}(E), q_H]\} G^{-1\prime}(E)$ 的符号为正，因为 $G^{-1\prime}(\cdot)$ 和 $\{u_1[G^{-1}(E), q_L] - u_1[G^{-1}(E), q_H]\}$ 的符号都为负。另外，第二项 $\{u[G^{-1}(E), q_H] - u[G^{-1}(E), q_L], q_L\} - (C_H - C_L)$ 的符号显然为正。因此，式（A32）的符号为正。

证毕。

定理 5 证明

根据式（3-18），可以得到对于所有 $i = H, L$ 与 $j = h, f$，以下不等关系成立，即 $\partial P_i^j / \partial \delta < 0$。因此，两种产品的价格都会随着贸易自由化加深而降低。当两国的市场规模相同时，即 $N_h = N_f = N/2$，根据式（3-21），笔者可以得到生产高质量产品的企业的相对数量为：

$$\frac{m_H}{m_L}=\sqrt{\frac{kF_L}{F_H}}\sqrt{\frac{\sqrt{\frac{(1+\delta^2)N}{2}}\left[\bar{\theta}(q_H-q_L)+(C_L-C_H)\right]-\sqrt{\bar{\theta}}\left(\sqrt{q_HF_H}-\sqrt{q_LF_L}\right)}{k\left[\frac{N}{2}(1+\delta^2)\left(C_H-\frac{C_L}{k}\right)+\sqrt{\bar{\theta}}\left(\sqrt{q_HF_H}-\sqrt{q_LF_L}\right)\right]}} \tag{A33}$$

为方便分析，定义企业相对数量为 $R_m \equiv m_H/m_L$。当 $\beta>\left(\frac{\bar{\theta}-c_H}{\bar{\theta}-c_L}\right)^2$ 成立，可得 $\partial R_m/\partial\delta$。因此，生产高质量产品的企业数量会增长。根据式（3-19）和式（3-20），可以得到高质量产品相对低质量产品的相对供给量：

$$R_x=\sqrt{\frac{q_LF_H}{q_HF_L}}R_m \tag{A34}$$

因为 $\sqrt{\frac{q_LF_H}{q_HF_L}}$ 是一个固定值，所以 $\partial R_x/\partial\delta$ 的符号与 $\partial R_m/\partial\delta$ 的符号相同，都为正。因此，贸易成本下降会提升两国市场中高质量产品的相对供给量。通过进一步推导，可以得到两种产品的成本加成率：

$$\begin{cases} markup_H=\frac{1}{C_H}\sqrt{\frac{2\bar{\theta}q_HF_H}{N(1+\delta^2)}+1} \\[3mm] markup_L=\frac{1}{C_L}\sqrt{\frac{2\bar{\theta}q_LF_L}{N(1+\delta^2)}+1} \end{cases} \tag{A35}$$

显然，对所有 $i=H$，L，关系 $\partial markup_i/\partial\delta<0$ 成立。因此，所有企业的成本加成率会随着贸易成本下降而下降。式（A36）表示的是高质量产品与低质量产品的相对成本加成率。

$$R_{markup}\equiv\left[\frac{1}{C_H}\sqrt{\frac{2\bar{\theta}q_HF_H}{N(1+\delta^2)}+1}\right]\bigg/\left[\frac{1}{C_L}\sqrt{\frac{2\bar{\theta}q_LF_L}{N(1+\delta^2)}+1}\right] \tag{A36}$$

由条件 $\beta>\left(\frac{\bar{\theta}-c_H}{\bar{\theta}-c_L}\right)^2\geq1$ 与条件 $c_H\leq c_L$ 可得，$\beta>1>\left(\frac{c_H}{c_L}\right)^2$，即 $\frac{q_HF_H}{q_LF_L}>\left(\frac{C_H}{C_L}\right)^2$。因此，$\partial R_{markup}/\partial\delta<0$。

证毕。

表

表 A1　发达国家样本变量的描述性统计

变量	平均值	标准差	最小值	最大值	样本量
$Price_{ijht}$	919.344	125388.4	0.00003	7.38×10^{7}	6077955
$Price_{jht}$	10528.99	481844.7	0.00007	7.38×10^{7}	266222
$Value_{ijht}$	183520.5	4922198	0	3.08×10^{9}	6092742
$Value_{jht}$	150142	5037687	0	1.93×10^{9}	267591
$Firm\_num_{jht}$	20.322	76.752	1	7412	267591
Exp_share_{jht}	0.0003	0.002	4.97×10^{-11}	0.316	184964
Mkt_share_{jht}	0.0004	0.004	1.31×10^{-13}	0.942	197013
$Open_{jt}$	0.00001	0.0002	0	0.031	171705
$Sigma_{jht}$	7.234	15.235	1.077	131.501	266084
$Gini_{jt}$	0.331	0.079	0.22	0.559	103
GDP_{jt}	1.08×10^{13}	7.29×10^{12}	1.02×10^{10}	1.69×10^{13}	97
GDP_pc_{jt}	32479.48	10618.06	10511.51	63854.09	97
$Distance_{j}$	8819.28	3574.81	955.65	19175.58	20

表 A2　发展中国家样本变量的描述性统计

变量	平均值	标准差	最小值	最大值	样本量
$Price_{ijht}$	1173.021	121638.8	0	9.50×10^{7}	16992460
$Price_{jht}$	7627.68	365489.8	0.00008	9.50×10^{7}	1292096
$Value_{ijht}$	115648.2	3222578	0	3.19×10^{9}	17027245
$Value_{jht}$	94922.03	2025837	0	6.04×10^{8}	1296015
$Firm\_num_{jht}$	12.139	58.894	1	7852	1296015
Exp_share_{jht}	0.0004	0.005	2.15×10^{-11}	0.806	668354

变量	平均值	标准差	最小值	最大值	样本量
Mkt_share_{jht}	0.0009	0.010	1.56×10^{-13}	1	852769
$Open_{jt}$	0.00002	0.001	0	1.289	760162
$Sigma_{jht}$	7.441	15.266	1.102	131.501	1290712
$Gini_{jt}$	0.434	0.093	0.162	0.72	165
GDP_{jt}	1.51×10^{12}	4.38×10^{12}	2.88×10^{7}	1.69×10^{13}	796
GDP_pc_{jt}	14496.77	19240.24	579.13	118585.2	796
$Distance_{j}$	9183.37	3880.11	809.53	19297.47	188

表 A3　按照目的地国家收入的分样本回归

	产品-国家层面					
	高收入国家样本		中等收入国家样本		低收入国家样本	
	（1）	（2）	（3）	（4）	（5）	（6）
	$\ln Price_{jht}$	$\ln Value_{jht}$	$\ln Price_{jht}$	$\ln Value_{jht}$	$\ln Price_{jht}$	$\ln Value_{jht}$
$Gini_{jt}$	-0.965***	16.772***	0.073	1.732	-0.368	-4.052
	(0.167)	(3.146)	(0.254)	(1.307)	(0.603)	(2.576)
样本量	138511	138757	138875	139011	8841	8844
修正 R 值	0.8611	0.4167	0.8850	0.3944	0.8858	0.3942
国家层面控制变量	是	是	是	是	是	是
产品-年份层面固定效应	是	是	是	是	是	是

注：显著度水平为 *** 表示 p<0.01、** 表示 p<0.05、* 表示 p<0.1。

表 A4　按照目的地国家收入的分样本回归

	企业-产品-国家层面					
	高收入国家样本		中等收入国家样本		低收入国家样本	
	（1）	（2）	（3）	（4）	（5）	（6）
	$\ln Price_{ijht}$	$\ln Value_{ijht}$	$\ln Price_{ijht}$	$\ln Value_{ijht}$	$\ln Price_{ijht}$	$\ln Value_{ijht}$
$Gini_{jt}$	-0.305***	6.871***	0.143***	-0.187	-0.412	-0.487
	(0.033)	(0.582)	(0.034)	(0.277)	(0.489)	(2.252)
样本量	2303529	2308923	731981	733112	6709	6716
修正 R 值	0.8910	0.4098	0.9327	0.4716	0.9672	0.6663
国家层面控制变量	是	是	是	是	是	是
产品-年份层面固定效应	是	是	是	是	是	是

注：显著度水平为 *** 表示 p<0.01、** 表示 p<0.05、* 表示 p<0.1。

表 A5 主要变量的描述性统计

变量	样本量	均值	标准差	最小值	最大值
export value	2557604	12.544	2.069	0.000	23.870
scope	2557604	1.203	1.060	0.000	7.988
div	2557604	1.706	0.740	1.000	7.436
skew	1777314	1.782	1.811	0.000	17.518
DSL_FDI	2557604	0.865	0.122	0.515	0.993
des_tariff	2557604	1.754	0.452	0.693	3.100
des_manuf_lib	2557604	0.036	0.073	0.000	1.000
des_gdp	2557604	9.980	1.058	7.132	11.583

表 A6 投入产出表与 HS4 位码对照表

投入产出表中的行业代码	投入产出表中的行业名称	HS4 位码
1	农业、林业、动物生产和渔业	0101－0106；0301－0302；0307－0308；0502；0504－0508；0510－0511；0601－0604；1001；1003－1004；1005；1007－1008；1201－1202；1204－1214；1301－1302；1401；1404
2	煤炭开采和洗选	2701－2703
3	原油和天然气的开采	2709；2711；2714
4	金属矿石开采	2601－2611；2613－2617；2620－2621
5	非金属矿产及其他矿产的采掘	2501－2526；2528－2530
6	食品和烟草制造	0201－0210；0303－0306；0401－0410；0701－0714；0801－0814；0901－0910；1006；1101－1109；1501－1517；1521－1522；1601－1605；1701－1704；1801－1806；1901－1905；2001－2009；2101－2106；2201－2209；2301－2309；2401－2403
7	纺织品制造	5001－5007；5101－5113；5201－5212；5301－5303；5305－5311；5601－5609；5701－5705；5801－5811；5901－5911；6001－6006；6101－6117；6301－6310
8	纺织服装、鞋类、皮革、毛皮、羽毛及其制品的制造	4101－4107；4112－4115；4201－4206；4301－4304；6201－6217；6401－6406；6501－6507；6701－6704；9404
9	木材加工和家具制造	4401－4421；4501－4504；4601－4602；9401－9403
10	造纸、印刷、文教体育用品制造	4701－4707；4801－4814；4816－4823；4901－4911；9201－9202；9205－9209；9503－9508；9608－9612

投入产出表中的行业代码	投入产出表中的行业名称	HS4 位码
11	精炼石油、焦炭产品制造、核燃料加工	2704-2708；2710；2712-2713；2715
12	化学品和化学产品的制造	1518；1520；2801-2837；2839-2850；2853；2901-2942；3001-3006；3101-3105；3201-3215；3301-3307；3401-3407；3501-3507；3601-3606；3701-3707；3801-3826；3901-3926；4001-4017；5401-5408；5501-5516
13	非金属矿产品制造	6801-6815；6901-6914；7001-7011；7013-7020；7101-7107；7116；9003-9004
14	金属制造和加工	2618-2619；7201-7229；7401-7410；7501-7506；7601-7607；7801-7802；7804；7901-7905；8001；8003；8101-8113
15	金属制品的制造（机械和设备除外）	6601；7110-7115；7117-7118；7301-7326；7411-7415；7418-7419；7507-7508；7608-7616；7806；7907；8007；8201-8215；8301-8311；9406
16	通用机械制造	8401-8414；8416；8418-8420；8452；8456-8468；8480-8484
17	专用机械制造	8417；8421-8422；8424-8449；8451；8453-8455；8474-8479；8486-8487；9018-9022；9303-9307
18	运输设备制造	8601-8609；8701-8709；8711-8716；8801-8805；8901-8907
19	电机及仪器制造	8415；8450；8501-8516；8530-8539；8544-8548；9405
20	通信设备、计算机及其他电子设备制造	8470-8471；8517-8519；8521-8523；8525-8529；8540-8543
21	测量仪器制造	8423；8469；8472-8473；9001-9002；9005-9008；9010-9017；9023-9033；9101-9114
22	其他制造	6602-6603；9601-9607；9613-9619；9701-9706；9801；9803；9804

表 A7 投入产出表与服务部门 FDI 限制指数对照表

投入产出表中的行业代码	投入产出表中的行业名称	FDI 限制指数数据中的行业名称
1	农业、林业、畜牧业和渔业	农林水产
2	煤炭开采和洗选	采矿和采石（包括石油提取）
3	原油和天然气的开采	石油与化学制品

投入产出表中的行业代码	投入产出表中的行业名称	FDI 限制指数数据中的行业名称
4	金属矿石开采	采矿和采石（包括石油提取）
5	非金属矿产及其他矿产的采掘	采矿和采石（包括石油提取）
6	食品和烟草制造	食品及其他
7	纺织品制造	食品及其他
8	纺织服装、鞋类、皮革、毛皮、羽毛及其制品的制造	食品及其他
9	木材加工和家具制造	食品及其他
10	造纸、印刷、文教体育用品制造	食品及其他
11	精炼石油、焦炭产品制造、核燃料加工	石油与化学制品
12	化学品和化学产品的制造	石油与化学制品
13	非金属矿产品制造	金属、机械和其他矿物
14	金属制造和加工	金属、机械和其他矿物
15	金属制品的制造（机械和设备除外）	金属、机械和其他矿物
16	通用机械制造	电气、电子和其他仪器
17	专用机械制造	电气、电子和其他仪器
18	运输设备制造	运输设备
19	电机及仪器制造	电气、电子和其他仪器
20	通信设备、计算机及其他电子设备制造	电气、电子和其他仪器
21	测量仪器制造	电气、电子和其他仪器
22	其他制造	食品及其他
29	批发零售贸易	分配
30	运输、储存和邮政	运输
31	住宿、餐饮服务	酒店和餐厅
32	信息传输、软件和信息技术服务	通信
33	金融	金融服务
34	房地产	房地产投资
35	租赁、商业服务	商业服务

续表

投入产出表中的行业代码	投入产出表中的行业名称	FDI 限制指数数据中的行业名称
36	科研开发、技术服务	
37	水利、环境和公共设施管理	
38	家庭服务、维修和其他服务	
39	教育	其他服务
40	医疗保健和社会工作活动	
41	文体娱乐	
42	公共管理、社会保障和社会组织	

表 A8 2016 年之前中国所签订的自由贸易协定

协议名称	签署国家/地区	生效日期	生效年份
亚太贸易协定	孟加拉国	2001.5.23	2001
亚太贸易协定	印度	2001.5.23	2001
亚太贸易协定	老挝	2001.5.23	2001
亚太贸易协定	韩国	2001.5.23	2001
亚太贸易协定	斯里兰卡	2001.5.23	2001
中国-东盟自由贸易区、CAFTA	印度尼西亚	2009.10.10	2009
中国-东盟自由贸易区、CAFTA	马来西亚	2009.10.10	2009
中国-东盟自由贸易区、CAFTA	新加坡	2009.10.10	2009
中国-东盟自由贸易区、CAFTA	柬埔寨	2009.10.10	2009
中国-东盟自由贸易区、CAFTA	文莱	2009.10.10	2009
中国-东盟自由贸易区、CAFTA	越南	2009.10.10	2009
中国-东盟自由贸易区、CAFTA	老挝	2009.10.10	2009
中国-东盟自由贸易区、CAFTA	缅甸	2009.10.10	2009
中国-东盟自由贸易区、CAFTA	菲律宾	2009.10.10	2009
中国-东盟自由贸易区、CAFTA	泰国	2010.1.1	2010
自由贸易协定	新西兰	2008.10.1	2008
自由贸易协定	新加坡	2009.1.1	2009
自由贸易协定	巴基斯坦	2009.10.10	2009
自由贸易协定	秘鲁	2010.3.1	2010
自由贸易协定	智利	2010.8.1	2010

续表

协议名称	签署国家/地区	生效日期	生效年份
自由贸易协定	哥斯达黎加	2011. 8. 1	2011
自由贸易协定	冰岛	2014. 6. 30	2014
自由贸易协定	瑞士	2014. 7. 1	2014
自由贸易协定	韩国	2015. 12. 20	2015
自由贸易协定	澳大利亚	2015. 12. 20	2015

资料来源：中华人民共和国商务部。

表 A9　2016 年之前中国所签订的投资协定

签署国家/地区	生效日期	生效年份	签署国家/地区	生效日期	生效年份
瑞典	1982. 3. 29	1982	西班牙	1993. 5. 1	1993
德国	1985. 3. 18	1985	希腊	1993. 12. 21	1993
法国	1985. 3. 19	1985	乌克兰	1993. 5. 29	1993
挪威	1985. 7. 10	1985	蒙古国	1993. 11. 1	1993
丹麦	1985. 4. 29	1985	越南	1993. 9. 1	1993
泰国	1985. 12. 13	1985	老挝	1993. 6. 1	1993
比利时	1986. 10. 5	1986	巴布亚新几内亚	1993. 2. 12	1993
芬兰	1986. 1. 26	1986	保加利亚	1994. 8. 21	1994
奥地利	1986. 10. 11	1986	克罗地亚	1994. 7. 1	1994
英国	1986. 5. 15	1986	爱沙尼亚	1994. 6. 1	1994
新加坡	1986. 2. 7	1986	拉脱维亚	1994. 6. 1	1994
科威特	1986. 12. 24	1986	土耳其	1994. 8. 19	1994
意大利	1987. 8. 28	1987	乌兹别克斯坦	1994. 4. 12	1994
荷兰	1987. 2. 1	1987	哈萨克斯坦	1994. 8. 13	1994
瑞士	1987. 3. 18	1987	土库曼斯坦	1994. 6. 6	1994
斯里兰卡	1987. 3. 25	1987	塔吉克斯坦	1994. 1. 20	1994
澳大利亚	1988. 7. 11	1988	阿拉伯联合酋长国	1994. 9. 28	1994
波兰	1989. 1. 8	1989	阿根廷	1994. 8. 1	1994
日本	1989. 5. 14	1989	摩尔多瓦	1995. 3. 1	1995
新西兰	1989. 3. 25	1989	白俄罗斯	1995. 1. 14	1995
马来西亚	1990. 3. 31	1990	阿尔巴尼亚	1995. 9. 1	1995
巴基斯坦	1990. 9. 30	1990	斯洛文尼亚	1995. 1. 1	1995
加纳	1990. 11. 22	1990	罗马尼亚	1995. 9. 1	1995

签署国家/地区	生效日期	生效年份	签署国家/地区	生效日期	生效年份
捷克共和国	1992.12.1	1992	吉尔吉斯斯坦	1995.9.8	1995
葡萄牙	1992.12.1	1992	亚美尼亚	1995.3.18	1995
韩国	1992.12.4	1992	菲律宾	1995.9.8	1995
匈牙利	1993.4.1	1993	格鲁吉亚	1995.3.1	1995
阿塞拜疆	1995.4.1	1995	叙利亚	2001.11.1	2001
印度尼西亚	1995.4.1	1995	佛得角	2001.10.1	2001
阿曼	1995.8.1	1995	塞浦路斯	2002.4.29	2002
智利	1995.8.1	1995	也门	2002.4.10	2002
秘鲁	1995.2.1	1995	缅甸	2002.5.21	2002
南斯拉夫	1996.9.12	1996	阿尔及利亚	2003.1.28	2003
埃及	1996.4.1	1996	特立尼达和多巴哥	2004.12.7	2004
玻利维亚	1996.9.1	1996	圭亚那	2004.10.26	2004
牙买加	1996.4.1	1996	伊朗	2005.7.1	2005
古巴	1996.8.1	1996	朝鲜	2005.10.1	2005
冰岛	1997.3.1	1997	突尼斯	2006.7.1	2006
马其顿	1997.11.1	1997	赤道几内亚	2006.11.15	2006
沙特阿拉伯	1997.5.1	1997	斯洛伐克	2007.5.25	2007
黎巴嫩	1997.7.10	1997	印度	2007.8.1	2007
毛里求斯	1997.6.8	1997	马达加斯加	2007.7.1	2007
乌拉圭	1997.12.1	1997	卢森堡	2009.12.1	2009
厄瓜多尔	1997.7.1	1997	俄罗斯	2009.5.1	2009
津巴布韦	1998.3.1	1998	马耳他	2009.4.1	2009
苏丹	1998.7.1	1998	以色列	2009.1.13	2009
南非	1998.4.1	1998	加蓬	2009.2.16	2009
摩洛哥	1999.11.27	1999	马里	2009.7.16	2009
巴巴多斯	1999.10.1	1999	尼日利亚	2010.2.18	2010
柬埔寨	2000.2.1	2000	坦桑尼亚	2014.4.17	2014
卡塔尔	2000.4.1	2000	加拿大	2014.10.1	2014
巴林	2000.4.27	2000	汤加	2015.7.1	2015
埃塞俄比亚	2000.5.1	2000			

资料来源：中华人民共和国商务部。

表 A10　稳健性检验：只保留多产品出口企业样本

变量	(1) export value	(2) scope	(3) div	(4) skew
DSL_FDI	0.653 * (0.380)	0.339 *** (0.119)	0.179 ** (0.078)	-0.196 * (0.111)
des_tariff	-0.021 (0.025)	-0.010 (0.008)	-0.009 * (0.005)	0.001 (0.007)
des_manuf_lib	0.226 *** (0.079)	0.198 ** (0.081)	0.107 * (0.063)	0.022 (0.030)
des_gdp	0.692 *** (0.184)	0.225 *** (0.054)	0.109 *** (0.031)	-0.070 (0.043)
Constant	7.515 *** (1.308)	-0.179 (0.381)	1.056 *** (0.220)	2.623 *** (0.404)
国家固定效应	是	是	是	是
企业年份固定效应	是	是	是	是
样本量	1643508	1643508	1643508	1534942
修正 R 值	0.503	0.632	0.643	0.489

注：显著度水平为 *** 表示 p<0.01、** 表示 p<0.05、* 表示 p<0.1。

一、其他衡量产品多样化的指标

为了检验基于 HS6 位码所计算的产品出口多样化指标的稳健性，笔者使用两个替代指数进行回归估计。第一个是基于 HS4 位码和 HS2 位码所计算的出口产品多样化指数（Iacovone 和 Javorcik，2010；Mayer 等，2014）。第二个是用于衡量出口多样化的赫芬达尔—赫希曼指数（Herfindahl-Hirschman，HHI）。笔者参照 Baldwin 和 Gu（2009）以及 Bernard 等（2011）的做法，构建了以下 HHI 指数。该指数值越大，说明多样性越高。

$$div\_hhi_{fjt} = 1 - \sum_i \left(\frac{v_{fijt}}{\sum_i v_{fijt}} \right)^2$$

其中，div_hhi_{fjt} 为 t 年份企业 f 在目的地国家 j 的出口产品多样化程度；v_{fijt} 为 t 年份企业 f 在目的地国家 j 出口的 i 产品的价值。相关回归结果如表 A11 所示。

表 A11　其他衡量出口多样化的指标

变量	（1） scope_hs4	（2） scope_hs2	（3） div_hhi
DSL_FDI	0.273***	0.188**	0.050*
	(0.104)	(0.080)	(0.029)
des_tariff	−0.006	−0.003	−0.000
	(0.009)	(0.007)	(0.003)
des_manuf_lib	0.213***	0.168***	0.017
	(0.072)	(0.057)	(0.011)
des_gdp	0.221***	0.153***	0.040***
	(0.050)	(0.039)	(0.013)
Constant	−0.840**	−0.598**	0.022
	(0.351)	(0.276)	(0.090)
国家固定效应	是	是	是
企业-年份固定效应	是	是	是
样本量	2286067	2286067	2286067
修正 R 值	0.656	0.654	0.666

注：显著度水平为 *** 表示 $p<0.01$、** 表示 $p<0.05$、* 表示 $p<0.1$。

二、控制企业层面的生产率与要素投入密度

由于第五章的基准回归控制了企业-年份固定效应，因此行业和省份特征以及企业特征被固定效应完全控制。正如贸易领域文献所指出的那样，中国出口的快速增长主要得益于中国企业生产率的增长（Melitz，2003；Yu，2015；Feng 等，2016）。虽然基准回归通过控制企业-年份固定效应已经排除了企业生产率变化对结果的影响，但为了结果的稳健性，笔者又加入了企业生产率与要素投入密度等企业层面的控制变量进行回归，同时控制了企业、国家以及年份固定效应。

为了控制企业生产率和要素投入密度，笔者需要有关出口企业详细的运营信息，而中国海关数据库中没有这些信息。用于计算企业生产率和资本密集度的数据来自中国国家统计局于 1998～2015 年所进行的工业企业年度调查数据库（ASIF）。这些调查数据涵盖所有年销售额超过 500 万元人民币（2011 年超过 2000 万元人民币）的国有企业和非国有企业。数据集包含企业运营变量的详细

信息，包括从会计报表中提取的财务信息，如销售、就业、税收和固定资产。由于 ASIF 数据集仅在 2015 年之前可用，因此笔者需要将 ASIF 数据集与 2010~2015 年的海关数据库进行匹配。本部分主数据库中的观测值和企业数量显示在表 A12 的第（1）列和第（2）列中，ASIF 数据集中的企业数量显示在第（3）列中。国家统计局将非国有企业的统计门槛从 2010 年前的年销售额超过 500 万元人民币改为 2011 年的年销售额超过 2000 万元人民币。因此，笔者只保留 2010~2015 年持续存在于 ASIF 数据库中的公司，如表 A12 的第（4）列所示。

关于两个数据的匹配，中国海关数据库和 ASIF 数据库都包含特定的企业识别码，但这两个数据集的识别码编码方式完全不同，造成两个数据库的合并具有挑战性（Yu 和 Tian，2012）。笔者必须使用公司的名称将 ASIF 数据库与中国海关数据相匹配。在确定公司名称后，ASIF 数据库仍然不能直接与海关数据进行合并，因为许多企业的数据存在统计错误。例如，ASIF 数据库中某些企业的名称缺失或与其他企业重复。因此，笔者需要根据公司名称删除重复项来保留 ASIF 数据库中持续存在的公司样本，以降低数据的统计偏差。过虑之后的存续企业数量见表 A12 第（5）栏。在使用公司名称合并两个数据库后，笔者最终成功合并了 103068 个企业样本，并获得了 528848 个观测值［分别见表 A12 的第（7）列和第（6）列］。

表 A12　ASIF 数据库与中国海关数据库的统计量

年份	海关数据		ASIF 数据			合并数据	
	样本量	企业数量	企业数量	存续企业数量	过滤之后存续企业数量	样本量	企业数量
	（1）	（2）	（3）	（4）	（5）	（6）	（7）
2010	365372	90781	414814	111679	65166	78682	14415
2011	365372	90781	302593	111679	94530	91341	17998
2012	365372	90781	324604	111679	94454	91330	17993
2013	365372	90781	344875	111679	91911	89165	17554
2014	365372	90781	209256	111679	91911	89165	17554
2015	365372	90781	305498	111679	91911	89165	17554
总计	2192232	544686	1901640	670074	529883	528848	103068

参照 Bombardini 和 Li（2020）的做法，笔者通过每个工人所创造的增加值来衡量企业的生产率，即劳动生产率。由于每个企业的增加值未在 ASIF 数据库中报告，因此笔者使用公司支付的增值税和适用的增值税率来估算增加值。[①]

$$productivity_{ft} = \frac{VAT_{ft}/VAT\ rate_f}{labor_{ft}}$$

其中，VAT_{ft} 和 $labor_{ft}$ 分别为企业应缴增值税与企业工人人数。$VAT\ rate_f$ 为企业的增值税税率。根据以上所计算的指数，笔者构建了以下回归模型。

$$EX_{fhrjt} = \beta_0 + \beta_1 DSL_{jt} + \beta_2 DestinationControls_{hjt} + \beta_3 ChinaControls_{hrt} +$$
$$\beta_4 FirmCharacteristics_{ft} + e_f + e_t + e_j + \varepsilon_{fhrjt}$$

其中，f 表示企业，h 表示行业，r 表示中国省份，j 表示出口目的地国家（地区），t 表示年份。EX 表示出口值、出口范围、出口产品多样化或出口偏度。核心自变量是出口目的地国家（地区）的服务行业 FDI 开放指数。控制变量包括目的地国家（地区）的进口关税、目的地国家（地区）对制造业的 FDI 限制指数、中国各省份的服务业 FDI 开放指数、中国各省份制造业 FDI 开放指数、中国各行业进口最终产品关税以及中国各行业进口中间投入品关税。另外，笔者分别控制了企业、国家以及年份固定效应。同时，还控制了一些企业特征，如企业生产率和资本要素投入密度等。相关回归结果参见表 A13。

表 A13 控制企业生产率与资本投入密度

变量	（1）export value	（2）scope	（3）div	（4）skew	（5）export value	（6）scope	（7）div	（8）skew
DSL_FDI	0.977 ***	0.441 ***	0.228 ***	-0.519 ***	0.837 **	0.354 ***	0.188 ***	-0.639 **
	(0.318)	(0.064)	(0.031)	(0.163)	(0.386)	(0.105)	(0.043)	(0.268)
des_tariff	0.174	0.166 ***	0.009	0.338 **	0.257	0.135 **	-0.002	0.371 **
	(0.144)	(0.057)	(0.035)	(0.152)	(0.160)	(0.067)	(0.041)	(0.177)
des_manuf_lib	-0.025	-0.011 **	-0.007 ***	0.002	-0.066	-0.023 *	-0.013 **	0.018
	(0.023)	(0.005)	(0.003)	(0.009)	(0.052)	(0.012)	(0.005)	(0.017)

① 文献通常根据 OP（Olley 和 Pakes，1996）、LP（Levinsohn 和 Petrin，2003）和 De Loecker（2011）的方法计算全要素生产率（TFP）。然而，2010~2015 年的 ASIF 数据库中并不包含中间投入品、工资以及利润的数据，因此无法按照这些方法计算生产率。

变量	(1) export value	(2) scope	(3) div	(4) skew	(5) export value	(6) scope	(7) div	(8) skew
CSL_FDI	−0. 003	−0. 224	−0. 018	0. 598	0. 392	−0. 016	0. 052	0. 497
	(0. 599)	(0. 229)	(0. 117)	(0. 534)	(0. 699)	(0. 269)	(0. 123)	(0. 559)
China_out_ tarriff	−0. 674	0. 118	−0. 119	−0. 633	−1. 687	−0. 347	−0. 264	−0. 674
	(1. 827)	(0. 624)	(0. 223)	(0. 621)	(1. 956)	(0. 678)	(0. 234)	(0. 686)
China_in_ tariff	1. 764	0. 023	−0. 025	0. 579	5. 403	1. 111	0. 256	1. 083
	(1. 413)	(0. 469)	(0. 144)	(0. 759)	(3. 621)	(1. 312)	(0. 382)	(1. 288)
China_ manuf_lib	−0. 384 ***	0. 075 *	0. 057 *	−0. 006	−0. 335 **	0. 107 **	0. 079 **	−0. 019
	(0. 148)	(0. 044)	(0. 030)	(0. 133)	(0. 164)	(0. 044)	(0. 031)	(0. 152)
productivity	0. 037 **	0. 021 ***	0. 002	−0. 004	0. 027	0. 021 ***	0. 002	−0. 015
	(0. 018)	(0. 007)	(0. 004)	(0. 021)	(0. 019)	(0. 007)	(0. 004)	(0. 021)
capital_ intensity					−0. 093 ***	−0. 031 ***	−0. 009 ***	−0. 014
					(0. 020)	(0. 006)	(0. 003)	(0. 019)
Constant	13. 032 ***	0. 765	1. 643 ***	2. 322 **	13. 805 ***	1. 228	1. 817 ***	2. 599 ***
	(2. 964)	(0. 894)	(0. 294)	(0. 921)	(2. 948)	(0. 873)	(0. 292)	(0. 938)
年份固定效应	是	是	是	是	是	是	是	是
企业固定效应	是	是	是	是	是	是	是	是
国家固定效应	是	是	是	是	是	是	是	是
样本量	510623	510623	510623	323882	431787	431787	431787	273138
修正 R 值	0. 450	0. 636	0. 675	0. 427	0. 456	0. 645	0. 688	0. 435

注：显著度水平为 *** 表示 p<0. 01、** 表示 p<0. 05、* 表示 p<0. 1。

第五章的回归分析中，笔者使用 OECD 成员国身份来区分高收入国家（地区）与低收入国家（地区）。作为该分类的稳健性检验，笔者将另外使用世界银行的标准来区分高收入国家（地区）和低收入国家（地区）。根据世界银行 2016 年公布的收入划分分类，人均国民收入（GNI）高于 12236 美元的国家被列为高收入国家（地区），人均国民收入低于 12236 美元的国家被列为低收入国家（地区）。表 A14 显示了相关分组回归的结果。所有这些结果都与基于 OECD 成员国身份的分类估计结果一致。[①]

---

① 有关世界银行的详细收入分类列表，请参阅 https：//datahelpdesk. worldbank. org/knowledgebase/articles/378833-how-are-the-income-group-thresholds-determined。

表 A14   稳健性检验：资本与劳动密集型行业在高收入国家（地区）

与低收入国家（地区）的回归结果

样本	(1)	(2)	(3)	(4)	(5)	(6)
	资本密集型行业			劳动密集型行业		
	全样本	高收入国家（地区）	低收入国家（地区）	全样本	高收入国家（地区）	低收入国家（地区）
变量	scope	scope	scope	scope	scope	scope
DSL_FDI	0.132*	−1.799**	0.296***	0.278**	0.283	0.512***
	(0.074)	(0.864)	(0.081)	(0.122)	(0.955)	(0.122)
des_tariff	−0.004	0.000	−0.033	−0.005	0.002	−0.084**
	(0.008)	(0.016)	(0.022)	(0.011)	(0.009)	(0.037)
des_manuf_lib	0.030	−0.142	0.215**	0.034	0.054	0.135**
	(0.096)	(0.217)	(0.086)	(0.034)	(0.120)	(0.059)
des_gdp	0.090**	0.252**	0.118**	0.252***	0.347***	0.202**
	(0.041)	(0.128)	(0.056)	(0.059)	(0.077)	(0.098)
Constant	−0.167	−0.122	−0.365	−1.541***	−2.651***	−0.754
	(0.393)	(1.030)	(0.480)	(0.558)	(0.930)	(0.834)
国家固定效应	是	是	是	是	是	是
企业-年份固定效应	是	是	是	是	是	是
样本量	423381	252448	138229	1760143	1239868	426160
修正 R 值	0.625	0.690	0.704	0.648	0.676	0.700

注：显著度水平为 *** 表示 p<0.01、** 表示 p<0.05、* 表示 p<0.1。

表 A15   集约边际回归：进口来源国超过 1 个的企业样本

因变量	Value (1)	Scope（HS6）(2)	Scope（HS8）(3)	Import Status (4)
RER Volatility	−0.614[b]	−1.059[a]	−1.066[a]	−0.170[a]
	(0.281)	(0.090)	(0.091)	(0.031)
国家层面控制变量	是	是	是	是
固定效应	企业-国家固定效应和年份固定效应			
样本量	1244656	1244656	1244656	1273684

注：显著度水平 b 表示 p<0.05；a 表示 p<0.01。

表 A16   广延边际回归：进口来源国超过 1 个的企业样本

因变量	Value		Scope（HS6）		Scope（HS8）		Import Status	
	(1)	(2)	(3)	(4)	(5)	(6)	(7)	(8)
RER Volatility	0.088	6.410[a]	−0.672[a]	1.274	−0.649[a]	1.209	−0.136[a]	−0.153
	(0.439)	(2.048)	(0.145)	(0.702)	(0.146)	(0.708)	(0.0393)	(0.150)

因变量	Value		Scope（HS6）		Scope（HS8）		Import Status	
	（1）	（2）	（3）	（4）	（5）	（6）	（7）	（8）
×*External Dependence*	−2.459^b (1.074)		−1.362^a (0.370)		−1.442^a (0.374)		−0.060 (0.082)	
×*Intangibility*		−8.869^a (2.568)		−2.965^a (0.875)		−2.886^a (0.883)		0.0008 (0.179)
国家层面控制变量	是	是	是	是	是	是	是	是
固定效应	企业-国家固定效应和年份固定效应							
样本量	1159494	1159494	1159494	1159494	1159494	1159494	1101129	1101129

注：显著度水平 b 表示 p<0.05；a 表示 p<0.01。

表 A17　集约边际回归：进口产品种类数量超过 1 个的企业样本

因变量	Value	Scope（HS6）	Scope（HS8）	Import Status
	（1）	（2）	（3）	（4）
RER Volatility	−1.349^a (0.344)	−1.757^a (0.126)	−1.761^a (0.127)	−0.080^b (0.036)
国家层面控制变量	是	是	是	是
固定效应	企业-国家固定效应和年份固定效应			
样本量	767398	767398	767398	702619

注：显著度水平 b 表示 p<0.05；a 表示 p<0.01。

表 A18　企业财务脆弱性的交叉影响：进口产品种类数量超过 1 个的企业样本

因变量	Value		Scope（HS6）		Scope（HS8）		Import Status	
	（1）	（2）	（3）	（4）	（5）	（6）	（7）	（8）
RER Volatility	0.666 (0.555)	9.400^a (2.808)	−1.321^a (0.202)	0.741 (1.068)	−1.285^a (0.202)	0.612 (1.070)	−0.006 (0.052)	0.137 (0.237)
×*External Dependence*	−6.474^a (1.304)		−1.519^a (0.479)		−1.639^a (0.480)		−0.179 (0.145)	
×*Intangibility*		−13.526^a (3.488)		−3.190^b (1.317)		−3.035^b (1.320)		−0.246 (0.298)
国家层面控制变量	是	是	是	是	是	是	是	是

续表

因变量	Value		Scope（HS6）		Scope（HS8）		Import Status	
	（1）	（2）	（3）	（4）	（5）	（6）	（7）	（8）
固定效应	企业-国家固定效应和年份固定效应							
样本量	714575	714575	714575	714575	714575	714575	593372	593372

注：显著度水平 b 表示 p<0.05；a 表示 p<0.01。

表 A19　名义汇率波动和中间投入品进口

因变量	Value		Scope（HS6）		Scope（HS8）		Import Status	
	（1）	（2）	（3）	（4）	（5）	（6）	（7）	（8）
RER Volatility	-1.037^a	-1.011^a	-1.263^a	-1.238^a	-1.249^a	-1.233^a	-0.022	-0.100^a
	(0.233)	(0.241)	(0.085)	(0.082)	(0.087)	(0.083)	(0.017)	(0.027)
国家层面控制变量	否	是	否	是	否	是	否	是
固定效应	企业-国家固定效应和年份固定效应							
样本量	1397679	1397043	1397679	1397043	1397679	1397043	1377874	1376460

注：显著度水平 b 表示 p<0.05；a 表示 p<0.01。

表 A20　企业财务脆弱性的交叉影响：名义汇率波动和中间投入品进口

因变量	Value		Scope（HS6）		Scope（HS8）		Import Status	
	（1）	（2）	（3）	（4）	（5）	（6）	（7）	（8）
RER Volatility	-0.430	3.413	-0.861^a	0.074	-0.828^a	0.053	-0.051	-0.075
	(0.361)	(1.749)	(0.120)	(0.584)	(0.116)	(0.583)	(0.035)	(0.149)
×*External Dependence*	-2.533^a		-1.570^a		-1.679^b		-0.104	
	(0.920)		(0.309)		(0.730)		(0.082)	
×*Intangibility*		-5.706^a		-1.727^b		-1.697^b		-0.006
		(2.194)		(0.730)		(0.730)		(0.180)
国家层面控制变量	是	是	是	是	是	是	是	是
固定效应	企业-国家固定效应和年份固定效应							
样本量	1278268	1278268	1278268	1278268	1278268	1278268	1161916	1161916

注：显著度水平 b 表示 p<0.05；a 表示 p<0.01。

表 A21　三个月滞后期实际汇率波动的影响

因变量	Value		Scope（HS6）		Scope（HS8）		Import Status	
	（1）	（2）	（3）	（4）	（5）	（6）	（7）	（8）
RER Volatility	-0.403[b]	-0.034	-0.668[a]	-0.287[a]	-0.653[a]	-0.284[a]	-0.012	0.094
	(0.173)	(0.171)	(0.065)	(0.063)	(0.064)	(0.063)	(0.061)	(0.060)
国家层面控制变量	否	是	否	是	否	是	否	是
固定效应	企业-国家固定效应和年份固定效应							
样本量	1290013	1289399	1290013	1289399	1290013	1289399	1232846	1231536

注：显著度水平 b 表示 p<0.05；a 表示 p<0.01。

表 A22　企业财务脆弱性的交叉影响：三个月滞后期实际汇率波动的影响

因变量	Value		Scope（HS6）		Scope（HS8）		Import Status	
	（1）	（2）	（3）	（4）	（5）	（6）	（7）	（8）
RER Volatility	0.062	2.044	0.071	0.243	0.065	0.199	0.167	0.182
	(0.281)	(1.337)	(0.102)	(0.494)	(0.101)	(0.489)	(0.101)	(0.491)
×*External Dependence*	-0.395		-1.111[a]		-1.073[a]		-0.187	
	(0.667)		(0.245)		(0.242)		(0.245)	
×*Intangibility*		-2.647		-0.672		-0.609		-0.092
		(1.670)		(0.613)		(0.606)		(0.610)
国家层面控制变量	是	是	是	是	是	是	是	是
固定效应	企业-国家固定效应和年份固定效应							
样本量	1180597	1180597	1180597	1180597	1180597	1180597	1034548	1034548

注：显著度水平 b 表示 p<0.05；a 表示 p<0.01。

表 A23　广延边际的替代指标

因变量	Entry Dummy			Exit Dummy		
	（1）	（2）	（3）	（4）	（5）	（6）
RER Volatility	-0.111[a]	0.056	1.010[a]	0.261[a]	-0.023	-0.169
	(0.026)	(0.044)	(0.224)	(0.057)	(0.094)	(0.465)
×*External Dependence*		-0.549[a]			0.953[a]	
		(0.118)			(0.234)	

续表

因变量	Entry Dummy			Exit Dummy		
	（1）	（2）	（3）	（4）	（5）	（6）
×*Intangibility*			-1.394^a (0.280)			0.544 (0.579)
国家层面控制变量	是	是	是	是	是	是
固定效应	企业-国家固定效应和年份固定效应					
样本量	4115110	3401223	3401223	2128685	1892307	1892307

注：显著度水平 b 表示 p<0.05；a 表示 p<0.01。

表A24　金融发展环境的交叉影响

因变量	Value （1）	Scope（HS6） （2）	Scope（HS8） （3）	Import Status （4）
RER Volatility	-2.324^a (0.672)	-2.654^a (0.248)	-2.623^a (0.250)	-0.064 (0.049)
×*Financial Development*	0.135^a (0.047)	0.115^a (0.017)	0.113^a (0.017)	-0.026 (0.029)
国家层面控制变量	是	是	是	是
固定效应	企业-国家固定效应和年份固定效应			
样本量	1392935	1392935	1392935	1059417

注：显著度水平 b 表示 p<0.05；a 表示 p<0.01。

表A25　稳健性检验：只保留出口企业样本

因变量	Entry Dummy			Exit Dummy		
	（1）	（2）	（3）	（4）	（5）	（6）
RER Volatility	0.309 (0.446)	6.235^a (2.140)	-0.701^a (0.148)	1.558^b (0.724)	-0.678^a (0.149)	1.473^b (0.730)
×*External Dependence*	-2.645^b (1.083)		-1.461^a (0.373)		-1.537^a (0.377)	
×*Intangibility*		-8.452^a (2.684)		-3.400^a (0.904)		-3.293^a (0.912)
国家层面控制变量	是	是	是	是	是	是
固定效应	企业-国家固定效应和年份固定效应					
样本量	1150662	1150662	1150662	1150662	1150662	1150662

注：显著度水平 b 表示 p<0.05；a 表示 p<0.01。

表 A26　稳健性检验：控制企业-国家固定效应和企业-年份固定效应

因变量	Value		Scope（HS6）		Scope（HS8）		Import Status	
	（1）	（2）	（3）	（4）	（5）	（6）	（7）	（8）
RER Volatility	−0.697^{b} (0.300)	−0.704^{b} (0.301)	−1.070^{a} (0.096)	−1.020^{a} (0.096)	−1.072^{a} (0.096)	−1.025^{a} (0.097)	−0.021 (0.016)	−0.105^{a} (0.027)
国家层面控制变量	否	是	否	是	否	是	否	是
固定效应	企业-国家固定效应和年份固定效应							
样本量	1199062	1198421	1199062	1198421	1199062	1198421	1060712	1059417

注：显著度水平 b 表示 $p<0.05$；a 表示 $p<0.01$。

参考文献

［1］张艳，唐宜红，周默涵，2013. 服务贸易自由化是否提高了制造业企业生产效率［J］. 世界经济，36（11）：51-71.

［2］Alfaro L.，S. Kalemli-Ozcan, S. Sayek，2009. FDI productivity and financial development ［J］. The World Economy，32（1）：111-135.

［3］Amiti M.，A. K. Khandelwal，2013. Import competition and quality upgrading ［J］. Review of Economics and Statistics，95（2）：476-490.

［4］Amiti M.，J. Konings，2007. Trade liberalization intermediate inputs and productivity：Evidence from Indonesia ［J］. The American Economic Review，97（5）：1611-1638.

［5］Ariu A.，F. Mayneris, M. Parenti，2020. One way to the top：How services boost the demand for goods ［J］. Journal of International Economics，123：103278.

［6］Ariu A.，H. Breinlich, G. Corcos, G. Mion，2019. The interconnections between services and goods trade at the firm-level ［J］. Journal of International Economics，116：173-188.

［7］Arize A. C.，1998. The effects of exchange rate volatility on U. S. imports：An empirical investigation ［J］. International Economic Journal，12（3）：31-40.

［8］Arndt C.，C. M. Buch, A. Mattes，2012. Disentangling barriers to internationalization ［J］. Canadian Journal of Economics/Revue Canadienne Déconomique，45

(1): 41-63.

[9] Arnold J. M., B. Javorcik, M. Lipscomb, A. Mattoo, 2016. Services reform and manufacturing performance: Evidence from India [J]. The Economic Journal, 126 (590): 1-39.

[10] Arnold J. M., B. S. Javorcik, A. Mattoo, 2011. Does services liberalization benefit manufacturing firms? Evidence from the Czech Republic [J]. Journal of International Economics, 85 (1): 136-146.

[11] Asquith B., S. Goswami, D. Neumark, A. Rodriguez-Lopez, 2019. U. S. job flows and the China shock [J]. Journal of International Economics, 118: 123-137.

[12] Autor D. H., D. Dorn, G. H. Hanson, 2013. The China syndrome: Local labor market effects of import competition in the United States [J]. The American Economic Review, 103 (6): 2121-2168.

[13] Bahmani-Oskooee M., S. W. Hegerty, 2007. Exchange rate volatility and trade flows: A review article [J]. Journal of Economic Studies, 34 (3): 211-255.

[14] Baldwin J., W. Gu, 2009. The impact of trade on plant scale production-run length and diversification [M] //Producer dynamics: New evidence from micro data, Chicago: University of Chicago Press.

[15] Baldwin R., J. Harrigan, 2011. Zeros quality and space: Trade theory and trade evidence [J]. American Economic Journal: Microeconomics, 3 (2): 60-88.

[16] Barone G., F. Cingano, 2011. Service regulation and growth: Evidence from OECD countries [J]. The Economic Journal, 121 (555): 931-957.

[17] Bas M., 2014. Does services liberalization affect manufacturing firms' export performance? Evidence from India [J]. Journal of Comparative Economics, 42 (3): 569-589.

[18] Bas M., V. Strauss-Kahn, 2014. Does importing more inputs raise exports? Firm-level evidence from France [J]. Review of World Economics, 150 (2):

241-275.

[19] Baum C. F. , M. Caglayan, N. Ozkan, 2004. Nonlinear effects of exchange rate volatility on the volume of bilateral exports [J]. Journal of Applied Econometrics, 19 (1): 1-23.

[20] Behar A. , 2016. The endogenous skill bias of technical change and wage inequality in developing countries [J]. The Journal of International Trade & Economic Development, 25 (8): 1101-1121.

[21] Bekkers E. , J. Francois, M. Manchin, 2012. Import prices income and inequality [J]. European Economic Review, 56 (4): 848-869.

[22] Benassi C. , A. Chirco, C. Colombo, 2006. Vertical differentiation and the distribution of income [J]. Bulletin of Economic Research, 58 (4): 345-367.

[23] Benz S. , A. Jaax, 2022. The costs of regulatory barriers to trade in services: New estimates of ad valorem tariff equivalents [J]. Economics Letters, 212: 110057.

[24] Benz S. , D. Rouzet, F. Spinelli, 2020. Firm heterogeneity in services trade: Micro-level evidence from eight OECD countries [J]. The World Economy, 43 (11): 2905-2931.

[25] Berman N. , A. Berthou, 2009. Financial market imperfections and the impact of exchange rate movements on exports [J]. Review of International Economics, 17 (1): 103-120.

[26] Bernard A. B. , S. J. Redding, P. K. Schott, 2010. Multiple-product firms and product switching [J]. The American Economic Review, 100 (1): 70-97.

[27] Bernard A. B. , S. J. Redding, P. K. Schott, 2011. Multiproduct firms and trade liberalization [J]. The Quarterly Journal of Economics, 126 (3): 1271-1318.

[28] Berry S. , J. Waldfogel, 2010. Product Quality and Market Size [J]. The Journal of Industrial Economics, 58 (1): 1-31.

[29] Berthou A. , L. Fontagné, 2013. How do multiproduct exporters react to a

change in trade costs? [J]. The Scandinavian Journal of Economics, 115 (2): 326-353.

[30] Beverelli C., M. Fiorini, B. Hoekman, 2017. Services trade policy and manufacturing productivity: The role of institutions [J]. Journal of International Economics, 104: 166-182.

[31] Blanchard P., C. Fuss, C. Mathieu, 2017. Why do manufacturing firms produce services? Evidence for the servitization paradox in Belgium [R]. NBB Working Paper, No. 330.

[32] Bombardini M., Li B. J., 2020. Trade, pollution and mortality in China [J]. Journal of International Economics, 125: 103321.

[33] Bonanno G., 1986. Vertical Differentiation with Cournot Competition [J]. Economic Notes, 15 (2): 68-91.

[34] Braun M., 2005. Financial contractability and asset hardness [J]. Available at SSRN, 2522890.

[35] Broda C., J. Greenfield, D. E. Weinstein, 2006. From groundnuts to globalization: A structural estimate of trade and growth [R]. NBER Working Paper, No. 12512.

[36] Buch C. M., A. Lipponer, 2004. FDI versus cross-border financial services: The globalisation of German banks [R]. Deutsche Bundesbank Economic Research Centre Discussion Paper.

[37] Buch C. M., I. Kesternich, A. Lipponer, M. Schnitzer, 2014. Financial constraints and foreign direct investment: Firm-level evidence [J]. Review of World Economics, 150 (2): 393-420.

[38] Bustos P., 2011. Trade liberalization exports and technology upgrading: Evidence on the impact of MERCOSUR on Argentinian firms [J]. The American Economic Review, 101 (1): 304-340.

[39] Bai Z. R., S. Meng, Z. Miao, Y. Zhang, 2023. Liberalization for services

foreign direct investment and product mix adjustment: Evidence from Chinese exporting firms [J]. Review of International Economics, 31 (2): 363-388.

[40] Champsaur P. , J.-C. Rochet, 1989. Multiproduct Duopolists [J]. Econometrica, 57 (3): 533-557.

[41] Chatterjee A. , R. Dix-Carneiro, J. Vichyanond, 2013. Multiproduct firms and exchange rate fluctuations [J]. American Economic Journal: Economic Policy, 5 (2): 77-110.

[42] Chen N. , L. Juvenal, 2016. Quality, trade and exchange rate pass-through [J]. Journal of International Economics, 100: 61-80.

[43] Ciani A. , 2021. Income inequality and the quality of imports [J]. Review of World Economics, 157: 375-416.

[44] Crinò R. , P. Epifani, 2012. Productivity quality and export behaviour [J]. The Economic Journal, 122 (565): 1206-1243.

[45] Crozet M. , E. Milet, 2017. Should everybody be in services? The effect of servitization on manufacturing firm performance [J]. Journal of Economics and Management Strategy, 26 (4): 820-841.

[46] Cushman D. O. , 1983. The effects of real exchange rate risk on international trade [J]. Journal of International Economics, 15 (1-2): 45-63.

[47] Dai M. , J. Xu, 2017. Firm-specific exchange rate shocks and employment adjustment: Evidence from China [J]. Journal of International Economics, 108: 54-66.

[48] Dalgin M. , D. Mitra, V. Trindade, 2008. Inequality nonhomothetic preferences and trade: A gravity approach [J]. Southern Economic Journal, 74 (3): 747-774.

[49] Daly K. , 1998. Does exchange rate volatility impede the volume of Japans bilateral trade? [J]. Japan and the World Economy, 10 (3): 333-348.

[50] Damijan J. P. , J. Konings, S. Polanec, 2014. Import churning and export

performance of multi-product firms [J]. The World Economy, 37 (11): 1483-1506.

[51] Dhingra S. , 2013. Trading away wide brands for cheap brands [J]. The A-merican Economic Review, 103 (6): 2554-2584.

[52] Díaz-Mora C. , R. Gandoy, B. González-Díaz, 2018. Looking into global value chains: Influence of foreign services on export performance [J]. Review of World Economics, 154 (4): 785-814.

[53] Dingel J. I. , 2017. The determinants of quality specialization [J]. The Review of Economic Studies, 84 (4): 1551-1582.

[54] Duan S. , Y. Li, Z. Miao, 2022. Income inequality and trade of 'Made in China' [J]. The Journal of International Trade and Economic Development, 31 (4): 614-645.

[55] Eckel C. , J. P. Neary, 2010. Multi-product firms and flexible manufacturing in the global economy [J]. Review of Economic Studies, 77 (1): 188-217.

[56] Eckel C. , L. Iacovone, B. Javorcik, J. P. Neary, 2015. Multi – product Firms at Home and Away: Cost-versus Quality-based Competence [J]. Journal of International Economics, 95 (2): 216-232.

[57] Eckel C. , L. Iacovone, B. Javorcik, J. P. Neary, 2016. Testing the Core-competency Model of Multiproduct Exporters [J]. Review of International Economics, 24 (4): 699-716.

[58] Edmond C. , V. Midrigan, D. Y. Xu, 2015. Competition, markups, and the gains from international trade [J]. The American Economic Review, 105 (10): 3183-3221.

[59] Engel D. , V. Procher, 2012. Export, FDI and firm productivity [J]. Applied Economics, 44 (15): 1931-1940.

[60] Fajgelbaum P. , G. M. Grossman, E. Helpman, 2011. Income distribution, product quality, and international trade [J]. Journal of Political Economy, 119 (4): 721-765.

［61］Fan H. , Y. A. Li, S. R. Yeaple, 2015. Trade liberalization, quality, and export prices ［J］. The Review of Economics and Statistics, 97 (5) : 1033-1051.

［62］Feenstra R. C. , 2015. Advanced International Trade: Theory and Evidence ［M］. Princeton: Princeton University Press.

［63］Feng L. , Z. Y. Li, D. L. Swenson, 2016. The connection between imported intermediate inputs and exports: Evidence from Chinese firms ［J］. Journal of International Economics, 101: 86-101.

［64］Fernandes A. M. , C. Paunov, 2012. Foreign direct investment in services and manufacturing productivity: Evidence for Chile ［J］. Journal of Development Economics, 97 (2): 305-321.

［65］Ferrando A. , A. Ruggieri, 2018. Financial constraints and productivity: Evidence from Euro area companies ［J］. International Journal of Finance and Economics, 23 (3): 257-282.

［66］Fillat-Castejón C. , J. F. Francois, J. Wörz, 2009. Cross-border trade and FDI in services ［R］. The Vienna Institute for International Economic Studies (wiiw), Working Paper.

［67］Flach L. , E. Janeba, 2017. Income inequality and export prices across countries ［J］. Canadian Journal of Economics/Revue canadienne d'économique, 50 (1): 162-200.

［68］Foellmi R. , J. Zweimüller, 2004. Inequality, market power, and product diversity ［J］. Economics Letters, 82 (1) : 139-145.

［69］Foellmi R. , J. Zweimüller, 2006. Income distribution and demand-induced innovations ［J］. The Review of Economic Studies, 73 (4) : 941-960.

［70］Fontagné L. , G. Gaulier, S. Zignago, et al. , 2007. Specialization across varieties and North-South competition ［J］. Economic Policy, 23 (53): 51-91.

［71］Francois J. , B. Hoekman, 2010. Services trade and policy ［J］. Journal of Economic Literature, 48 (3): 642-692.

［72］ Francois J. F. , S. Kaplan, 1996. Aggregate demand shifts, income distribution, and the Linder hypothesis ［J］. The Review of Economics and Statistics, 78 (2): 244-250.

［73］ Frankel D. M. , E. D. Gould, 2001. The retail price of inequality ［J］. Journal of Urban Economics, 49 (2): 219-239.

［74］ Gabszewicz J. J. , J.-F. Thisse, 1979. Price competition, quality and income disparities ［J］. Journal of Economic Theory, 20 (3): 340-359.

［75］ Gabszewicz J. J. , J.-F. Thisse, 1980. Entry (and Exit) in a Differentiated Industry ［J］. Journal of Economic Theory, 22 (2): 327-338.

［76］ Gagnon J. E. , 1993. Exchange rate variability and the level of international trade ［J］. Journal of International Economics, 34 (3-4): 269-287.

［77］ Gal-Or E. , 1983. Quality and quantity competition ［J］. The Bell Journal of Economics, 14 (2): 590-600.

［78］ Gnangnon S. K. , 2020. Poverty and export product diversification in developing countries ［J］. The Journal of International Trade and Economic Development, 29 (2): 211-236.

［79］ Gopinath G. , B. Neiman, 2014. Trade adjustment and productivity in large crises ［J］. The American Economic Review, 104 (3): 793-831.

［80］ Goldberg P. K. , A. K. , Khandelwal, N. Pavcnik, P. Topalova, 2010. Imported intermediate inputs and domestic product growth: Evidence from India ［J］. The Quarterly Journal of Economics, 125 (4): 1727-1767.

［81］ Greenaway D. , R. Kneller, X. Zhang, 2010. Exchange rate uncertainty and export decisions in the UK ［J］. Journal of Economic Integration, 25 (4): 734-753.

［82］ Hallak J. C. , 2006. Product quality and the direction of trade ［J］. Journal of International Economics, 68 (1): 238-265.

［83］ Hallak J. C. , 2010. A product - quality view of the Linder hypothesis

［J］. The Review of Economics and Statistics, 92 (3): 453-466.

［84］ Hallak J. C., P. K. Schott, 2011. Estimating cross-country differences in product quality ［J］. The Quarterly Journal of Economics, 126 (1): 417-474.

［85］ Halpern L., M. Koren, A. Szeidl, 2015. Imported inputs and productivity ［J］. The American Economic Review, 105 (12): 3660-3703.

［86］ Harrison A. E., 1994. Productivity imperfect competition and trade reform ［J］. Journal of International Economics, 36 (1-2): 53-73.

［87］ Hayakawa K., H. Mukunoki, C. -H. Yang, 2020. Liberalization for services FDI and export quality: Evidence from China ［J］. Journal of the Japanese and International Economies, 55: 101060.

［88］ Head K., R. Jing, D. L. Swenson, 2014. From Beijing to Bentonville: Do multinational retailers link markets? ［J］. Journal of Development Economics, 110: 79-92.

［89］ Héricourt J., S. Poncet, 2013. Exchange rate volatility, financial constraints, and trade: Empirical evidence from Chinese firms ［J］. The World Bank Economic Review, 29 (3): 550-578.

［90］ Hoekman B., B. Shepherd, 2017. Services productivity, trade policy and manufacturing exports ［J］. The World Economy, 40 (3): 499-516.

［91］ Huchet M., J. Korinek, 2011. OECD trade policy papers ［R］. Paris: OECD.

［92］ Huff L., C. Fornell, E. Anderson, 1996. Quality and productivity: Contradictory and complementary ［J］. Quality Management Journal, 4 (1): 22-39.

［93］ Iacovone L., B. S. Javorcik, 2010. Multi-product exporters: Product churning, uncertainty and export discoveries ［J］. The Economic Journal, 120 (554): 481-499.

［94］ Ireland N. J., 1987. Product differentiation and non-price competition ［M］. Homewood: Basil Blackwell.

［95］Ishikawa J. , H. Morita, H. Mukunoki, 2010. FDI in post-production services and product market competition ［J］. Journal of International Economics, 82 (1): 73-84.

［96］Jappelli T. , L. Pistaferri, 2010. Does consumption inequality track income inequality in Italy? ［J］. Review of Economic Dynamics, 13 (1): 133-153.

［97］Javorcik B. S. , Y. Li, 2013. Do the biggest aisles serve a brighter future? Global retail chains and their implications for Romania ［J］. Journal of International Economics, 90 (2): 348-363.

［98］Johnson J. P. , D. P. Myatt, 2006. Multiproduct Cournot Oligopoly ［J］. The RAND Journal of Economics, 37 (3): 583-601.

［99］Johnson R. C. , 2012. Trade and prices with heterogeneous firms ［J］. Journal of International Economics, 86 (1): 43-56.

［100］Kandilov I. T. , A. Leblebicioğlu, 2011. The impact of exchange rate volatility on plant level investment: Evidence from Colombia ［J］. Journal of Development Economics, 94 (2): 220-230.

［101］Kasahara H. , J. Rodrigue, 2008. Does the use of imported intermediates increase productivity? Plant-level evidence ［J］. Journal of Development Economics, 87 (1): 106-118.

［102］Kasahara H. , Y. Liang, J. Rodrigue, 2016. Does importing intermediates increase the demand for skilled workers? Plant - level evidence from Indonesia ［J］. Journal of International Economics, 102: 242-261.

［103］Kathuria V. , 2002. Liberalisation FDI and productivity spillovers: An analysis of Indian manufacturing firms ［J］. Oxford Economic Papers, 54 (4): 688-718.

［104］Kelle M. , J. Kleinert, H. Raff, F. Toubal, 2013. Crossborder and foreign affiliate sales of services: Evidence from German microdata ［J］. The World Economy, 36 (11): 1373-1392.

[105] Khandelwal A. , 2010. The long and short (of) quality ladders [J]. The Review of Economic Studies, 77 (4): 1450-1476.

[106] Khandelwal A. K. , P. K. Schott, S. J. Wei, 2013. Trade liberalization and embedded institutional reform: Evidence from Chinese exporters [J]. The American Economic Review, 103 (6): 2169-2195.

[107] Kimura F. , K. Kiyota, 2006. Exports, FDI, and productivity: Dynamic evidence from Japanese firms [J]. Review of World Economics, 142 (4): 695-719.

[108] Kohpaiboon A. , 2006. Foreign direct investment and technology spillover: A cross-industry analysis of Thai manufacturing [J]. World Development, 34 (3): 541-556.

[109] Konan D. E. , K. E. Maskus, 2006. Quantifying the impact of services liberalization in a developing country [J]. Journal of Development Economics, 81 (1): 142-162.

[110] Krishna P. , D. Mitra, 1998. Trade Liberalization, market discipline and productivity growth: New evidence from India [J]. Journal of Development Economics, 56 (2): 447-462.

[111] Krueger D. , F. Perri, 2006. Does income inequality lead to consumption inequality? Evidence and theory [J]. The Review of Economic Studies, 73 (1): 163-193.

[112] Krugman P. , 1995 . Increasing returns imperfect competition and the positive theory of international trade [J]. Handbook of International Economics, 3: 1243-1277.

[113] Kugler M. , E. Verhoogen, 2011. Prices plant size and product quality [J]. The Review of Economic Studies, 79 (1): 307-339.

[114] Lee W. , 2019. Services liberalization and global value chain participation: New evidence for heterogeneous effects by income level and provisions [J]. Review of International Economics, 27 (3): 888-915.

［115］Lennon C. , 2009. Trade in Services: Cross-Border Trade vs. commercial presence. Evidence of complementarity ［R］. The Vienna Institute for International Economic Studies (wiiw) Vienna, Working Paper.

［116］Levinsohn J. , 1993. Testing the imports-as-market-discipline hypothesis ［J］. Journal of International Economics, 35 (1-2): 1-22.

［117］Liu Y. , R. Luo, 2020. Income distribution, new-consumer margin, and price differences across countries ［R］. Under review.

［118］Li Y. F. , Z. Miao, 2017 . Trade scopes across destinations: Evidence from Chinese firm ［R］. Unpublished.

［119］Long N. V. , H. Raff, F. Stahler, 2011. Innovation and trade with heterogeneous firms ［J］. Journal of International Economics, 84 (2): 149-159.

［120］Long N. V. , Z. Miao, 2020. Multiple-quality Cournot oligopoly and the role of market size ［J］. Journal of Economics and Management Strategy, 29 (4): 932-952.

［121］López R. A. , H. D. Nguyen, 2015. Real exchange rate volatility and imports of intermediate inputs: A microeconometric analysis of manufacturing plants ［J］. Review of International Economics, 23 (5): 972-995.

［122］Li Y. F. , Z. Miao, Tuuli M. , 2022. Exchange rate volatility and import of intermediate inputs: Evidence from Chinese firms ［J］. International Review of Economics and Finance, 82: 120-134.

［123］Li Y. F. , Z. Miao, 2017. Trade scopes across destinations: Evidence from Chinese firm ［R］. Unpublished.

［124］Lopresti J. , 2016. Multiproduct firms and product scope adjustment in trade ［J］. Journal of International Economics, 100: 160-173.

［125］Manova K. , 2008. Credit constraints, equity market liberalizations and international trade ［J］. Journal of International Economics, 76 (1): 33-47.

［126］Manova K. , 2012. Credit constraints, heterogeneous firms, and international trade [J]. The Review of Economic Studies, 80 (2): 711–744.

[127] Manova K. , Z. Yu, 2016. How firms export: Processing vs. ordinary trade with financial frictions [J]. Journal of International Economics, 100: 120–137.

[128] Marjit S. , R. Oladi, P. Roychowdhury, 2020. Income distribution and trade pattern [J]. Review of Economics, 71 (1): 1–14.

[129] Markusen J. R. , 1986. Explaining the volume of trade: An eclectic approach [J]. The American Economic Review, 76 (5): 1002–1011.

[130] Ma X. H. , W. S. Xie, 2019. Destination country financial development and margins of international trade [J]. Economics Letters, 177: 99–104.

[131] Mayer T. , M. J. Melitz, G. I. P. Ottaviano, 2014. Market size competition and the product mix of exporters [J]. The American Economic Review, 104 (2): 495–536.

[132] Mayer T. , M. J. Melitz, G. I. P. Ottaviano, 2021. Product mix and firm productivity responses to trade competition [J]. Review of Economics and Statistics, 103 (5): 874–891.

[133] Ma Y. , H. W. Tang, Y. F. Zhang, 2014. Factor intensity product switching and productivity: Evidence from Chinese exporters [J]. Journal of International Economics, 92 (2): 349–362.

[134] Melitz M. J. , 2003. The impact of trade on intra-industry reallocations and aggregate industry productivity [J]. Econometrica, 71 (6): 1695–1725.

[135] Melitz M. J. , G. I. P. Ottaviano, 2008. Market size trade and productivity [J]. The Review of Economic Studies, 75 (1): 295–316.

[136] Mitra D. , V. Trindade, 2005. Inequality and trade [J]. Canadian Journal of Economics/Revue Canadienne d' économique, 38 (4): 1253–1271.

[137] Motta M. , 1993. Endogenous Quality Choice: Price vs. Quantity Competition [J]. The Journal of Industrial Economics, 41 (2): 113–131.

[138] Mussa M. , S. Rosen, 1978. Monopoly and Product Quality [J]. Journal

of Economic Theory, 18 (2): 301-317.

[139] Niepmann F., T. Schmidt-Eisenlohr, 2017. No guarantees, no trade: How banks affect export patterns [J]. Journal of International Economics, 108: 338-350.

[140] Nocke V., S. Yeaple, 2014. Globalization and multiproduct firms [J]. International Economic Review, 55 (4): 993-1018.

[141] Nordås H. K., D. Rouzet, 2016. The impact of services trade restrictiveness on trade flows [J]. The World Economy, 40 (6): 1155-1183.

[142] Qiu B., K. K. Das, W. R. Reed, 2019. The effect of exchange rates on Chinese trade: A dual margin approach [J]. Emerging Markets Finance and Trade, 56 (16): 1-23.

[143] Qiu L. D., M. J. Yu, 2020. Export scope, managerial efficiency, and trade liberalization: Evidence from Chinese firms [J]. Journal of Economic Behavior and Organization, 177: 71-90.

[144] Rauch J. E., 1999. Networks versus markets in international trade [J]. Journal of International Economics, 48 (1): 7-35.

[145] Ricci L. A., F. Trionfetti, 2012. Productivity networks and export performance: Evidence from a cross-country firm dataset [J]. Review of International Economics, 20 (3): 552-562.

[146] Sauer C., A. K. Bohara, 2001. Exchange rate volatility and exports: Regional differences between developing and industrialized countries [J]. Review of International Economics, 9 (1): 133-152.

[147] Schmidt - Eisenlohr T., 2013. Towards a theory of trade finance [J]. Journal of International Economics, 91 (1): 96-112.

[148] Schott P. K., 2008. The relative sophistication of Chinese exports [J]. Economic Policy, 23 (53): 5-49.

[149] Senadza B., D. D. Diaba, 2017. Effect of exchange rate volatility on trade

in Sub-Saharan Africa [J]. Journal of African Trade, 4 (1-2): 20-36.

[150] Sercu P., C. Vanhulle, 1992. Exchange rate volatility, international trade, and the value of exporting firms [J]. Journal of Banking and Finance, 16 (1): 155-182.

[151] Shaked A., J. Sutton, 1982. Relaxing price competition through product differentiation [J]. The Review of Economic Studies, 49 (1): 3-13.

[152] Shaked A., J. Sutton, 1983. Natural Oligopolies [J]. Econometrica, 51 (5): 1469-1483.

[153] Shaked A., J. Sutton, 1987. Product differentiation and industrial struc-ture [J]. The Journal of Industrial Economics, 36 (2): 131-146.

[154] Solakoglu M. N., E. G. Solakoglu, T. Demirağ, 2008. Exchange rate vol-atility and exports: A firm - level analysis [J]. Applied Economics, 40 (7): 921-929.

[155] Somekh B., 2012. The effect of income inequality on price dispersion [R]. Unpublished.

[156] Tenreyro S., 2007. On the trade impact of nominal exchange rate volatility [J]. Journal of Development Economics, 82 (2): 485-508.

[157] Tomiura E., 2007. Foreign outsourcing, exporting, and FDI: A produc-tivity comparison at the firm level [J]. Journal of International Economics, 72 (1): 113-127.

[158] Urban D. M., 2010. FDI, technology spillovers, and wages [J]. Review of International Economics, 18 (3): 443-453.

[159] Van der Marel E., B. Shepherd, 2013. Services trade regulation and re-gional integration: Evidence from sectoral data [J]. The World Economy, 36 (11): 1393-1405.

[160] Vives X., 2008. Innovation and competitive pressure [J]. The Journal of Industrial Economics, 56 (3): 419-469.

［161］ Wagner J. , 2013. Credit constraints and exports: Evidence for German manufacturing enterprises ［J］. Applied Economics, 46 （3）: 294-302.

［162］ Wang K. -L. , C. B. Barrett, 2002. A new look at the trade volume effects of real exchange rate risk ［R］. Cornell University Department of Applied Economics and Management, Working Papers.

［163］ Xu B. , 2010. The sophistication of exports: Is China special? ［J］. China Economic Review, 21 （3）: 482-493.

［164］ Yu M. J. , 2015. Processing trade, tariff reductions and firm productivity: Evidence from Chinese firms ［J］. The Economic Journal, 125 （585）: 943-988.

［165］ Yurko A. V. , 2011. How does income inequality affect market outcomes in vertically differentiated markets? ［J］. International Journal of Industrial Organization, 29 （4）: 493-503.

［166］ Zhang Y. H. , H. S. Chang, J. Gauger, 2006. The threshold effect of exchange rate volatility on trade volume: Evidence from G-7 countries ［J］. International Economic Journal, 20 （4）: 461-476.

［167］ Zhou D. S. , S. M. Li, K. T. David, 2002. The impact of FDI on the productivity of domestic firms: The case of China ［J］. International Business Review, 11 （4）: 465-484.

后　记

　　本书的四个主要章节分别选自笔者已发表的四篇英文论文。这几篇论文主要研究了中国企业在对外贸易过程中所面对的国际市场环境与政府政策对企业进出口产品质量与多样化的影响。与国内市场相比，国际市场充满各种新的风险，但也拥有更多的机遇。市场需求风险、汇率风险、贸易摩擦以及贸易成本等都是企业对外贸易中所经常遇到的风险。这些与对外贸易相关的市场风险增加了企业的运营与贸易成本，以及企业的财务脆弱性。与此同时，规模更大、消费水平更高的国际市场，不但有助于帮助中国企业扩大销售规模、增加利润，更有利于企业进行生产升级与产品升级，增强企业竞争力。另外，国际市场也为中国企业提供了质量更高的上游投入品与原材料，这也有利于中国企业提升自身的生产率与产品质量水平。在新的发展时期，我们正经历由低水平扩张式发展阶段向以产业升级及科研创新驱动为导向的高质量发展阶段过渡。如何应对国际市场中各种风险与挑战，更好地把握国际市场给中国企业带来的发展机遇，以实现中国企业生产方式与产品层面的升级，是本书所探究的主要问题，也是笔者撰写本书的初衷。

　　受数据可获得性等客观因素的限制，本书的研究还存在很多缺陷与不足。特别是在衡量产品的质量水平上，目前学术界还没有一个十分准确的测量方法。这些数据和指标构建上的客观限制使得本书无法深入探究更多的问题。例如，笔者无法使用实证方法来验证发达国家与发展中国家之间贸易所导致的产品质量层面的生产专门化现象。另外，关于消费者收入水平与其对产品质量的

偏好关系，笔者也只能依赖产品价格来间接地观察。笔者期望以上这些研究的
不足之处，可以在未来的研究中得到解决。如果读者朋友有任何建议或意见，
请不吝指正。

苗壮

2023 年 1 月于北京